Maike Wiederholz

Kundenbindungsstrategien im Gaststättengewerbe

GRIN - Verlag für akademische Texte

Der GRIN Verlag mit Sitz in München hat sich seit der Gründung im Jahr 1998 auf die Veröffentlichung akademischer Texte spezialisiert.

Die Verlagswebseite www.grin.com ist für Studenten, Hochschullehrer und andere Akademiker die ideale Plattform, ihre Fachtexte, Studienarbeiten, Abschlussarbeiten oder Dissertationen einem breiten Publikum zu präsentieren.

Dokument Nr. V178654 aus dem GRIN Verlagsprogramm

Maike Wiederholz

Kundenbindungsstrategien im Gaststättengewerbe

GRIN Verlag

Bibliografische Information der Deutschen Nationalbibliothek: Die Deutsche Bibliothek verzeichnet diese Publikation in der Deutschen Nationalbibliografie; detaillierte bibliografische Daten sind im Internet über http://dnb.d-nb.de/ abrufbar.

1. Auflage 2011
Copyright © 2011 GRIN Verlag
http://www.grin.com/
Druck und Bindung: Books on Demand GmbH, Norderstedt Germany
ISBN 978-3-656-00766-1

Hochschule Bremerhaven

Studiengang: Betriebswirtschaftslehre (Bachelor)

Kundenbindungsstrategien

im Gaststättengewerbe

Verfasserin: Maike Wiederholz

Abgabedatum: 02.09.2011

0 Abstract

Gaststätten versuchen aus einmaligen Gästen langfristige loyale Gäste ihrer Gastronomie zu machen. Im Rahmen von Kundenbindung gilt es, die Bedürfnisse seiner Kunden zu erkennen und seine Verhaltensweisen und seine Produkte darauf abzustimmen. Entstandene Kundenbindung ist durch die Mitbewerber im Markt schwer zu brechen. Daher liegt das primäre Ziel der Gaststätten darin, die richtigen Kundenbindungsstrategien Zielgruppengerecht zu entwickeln und um zusetzten. Da der Thematik „Kundenbindungsstrategien im Gaststättengewerbe" in der Wissenschaft bisher wenig Beachtung geschenkt wurde, soll diese Ausarbeitung nähere Informationen und Lösungsansätze bieten.

Im Rahmen der folgenden Ausarbeitung werden die gängigen klassischen und modernen Kundenbindungsstrategien definiert, erläutert und anhand von Praxisbeispielen präzisiert. Hierbei wurde sich auf Sekundärliteratur gestützt. Es handelt sich primär um den festen Mitarbeiterstamm, das Beschwerdemanagement, Kundenkarten, das Couponing, das soziale Netzwerk Facebook, den Mikroblogging Dienst Twitter und mobile Applications. Mithilfe einer Primärstudie wurden diese miteinander verglichen.

Das Ergebnis dieser empirischen Studie hat ergeben, dass insbesondere die Mitarbeitermotivation und das Beschwerdemanagement genutzt wird, um Kundenbindung zu erzeugen. Twitter und mobile Apps fanden im Rahmen dieser Studie weniger Anklang. Facebook ist innerhalb der modernen Maßnahmen am erfolgversprechendsten. Der Ausarbeitung können die näheren Beweggründe für die einzelnen Maßnahmen entnommen werden.

Mit dieser Arbeit kann ein aktueller Status Quo aufgezeigt werden. Durch die Veröffentlichung dieser Ausarbeitung inklusive der Umfrage erfahren Gaststättenbetreibende, welche Möglichkeiten ihnen offen stehen, wie andere Gastronomen agieren und sie können im Sinne von Benchmark ihre Strategien optimieren. Weiter stellt diese Ausarbeitung die Basis für weitere Untersuchungen und zeigt neue Forschungsfelder auf.

Inhaltsverzeichnis

0	Abstract	I
	Abkürzungsverzeichnis	II
	Abbildungs- und Tabellenverzeichnis	III
1	**Einleitung**	**3**
1.1	Problemstellung	3
1.2	Gang der Untersuchung	4
2	**Bedeutung der Kundenbindung**	**5**
2.1	Entstehung und Ziele von Kundenbindung	5
2.2	Kosten- und Erfolgsfaktor Kunde	6
3	**Maßstab Servicequalität**	**8**
3.1	Bedeutung der Servicequalität	8
3.2	Bewertung und Verbesserung der Servicequalität	9
4	**Anwendung klassischer Kundenbindungsstrategien**	**10**
4.1	Definition und Eingrenzung klassischer Strategien	10
4.2	Fester Mitarbeiterstamm	13
4.3	Beschwerdemanagement	16
4.4	Kundenkarten	18
4.5	Couponing	20

5		**Anwendung moderner Kundenbindungsstrategien**	**21**
	5.1	Definition und Eingrenzung moderner Strategien	21
	5.2	Facebook	22
	5.3	Twitter	24
	5.4	Mobile Applications	26
6		**Planung und Durchführung einer Primärstudie**	**28**
	6.1	Konzeption und Ziele der Studie	28
	6.2	Ergebnisse der Studie	29
7		**Schlussbetrachtung**	**39**
	7.1	Zusammenfassung	39
	7.2	Ausblick	40
		Quellenverzeichnis	**IV**
		Anhang	**XII**

Abkürzungsverzeichnis

B2C	Business to customer
CRM	Customer relationship management
et al.	et alii
EU-OSHA	Europäische Agentur für Sicherheit und Gesundheitsschutz am Arbeitsplatz
Fb	Facebook
GPS	Global Positioning System
HACCP	Hazard Analysis and Critical Control Points
POS	Point Of Sale
QR Code	Quick Response Code

Abbildungs- und Tabellenverzeichnis

Abb. 1　Gewählte Maßnahmen um seine Mitarbeiter zu motivieren　　30

Abb. 2　Gewählte Maßnahmen beim Beschwerdemanagement　　31

Abb. 3　Gewählte Funktionen bei Kundenkarten　　32

Abb. 4　Gewählte Maßnahmen und Ziele bei Coupons　　33

Abb. 5　Gewählte Maßnahmen und Ziele bei Facebook　　34

Abb. 6　Gewählte Maßnahmen und Ziele bei Twitter　　36

Abb. 7　Gewählte Maßnahmen und Ziele bei mobile Apps　　37

Abb. 8　Weitere gewählte Maßnahmen　　38

1 Einleitung

1.1 Problemstellung

„Profits measure how well we serve customers" (Melrose, 06.06.2011).

Laut Gaststättengesetz §1 betreibt eine Person ein Gaststättengewerbe, wer im stehenden Gewerbe Getränke oder zubereitete Speisen zum Verzehr an Ort und Stelle verabreicht, wenn der Betrieb jedermann oder bestimmten Personenkreisen zugänglich ist. Ferner wird ein Gaststättengewerbe betrieben, wenn im Reisegewerbe von einer Dauer von einer für die Veranstaltung ortsfesten Betriebsstätte aus Getränke und Speisen zum Verzehr an Ort und Stelle durch selbstständige Gewerbetreibende verabreicht werden. Dieser Betrieb muss auch jedermann oder bestimmten Personenkreisen zugänglich sein (Vgl. Motz und Fechteler 2008, 6).

Gaststätten konkurrieren um die Aufmerksamkeit und das Interesse von Kunden und Gästen. Faktoren wie die individuellen Essgewohnheiten und Geschmackspräferenzen sowie das Preisleistungsverständnis und insbesondere die Auffassung von Servicequalität haben einen Einfluss auf die Bedürfnisse und Anforderungen der Gäste an eine Gaststätte. Aktuelle Geschehnisse wie jüngst die Weltwirtschaftskrise und Lebensmittelskandale wie der Ehec beeinflussen zudem die Kaufentscheidungen und das Konsumverhalten der Gäste. Unter Berücksichtigung des stetigen Wandels versuchen gastronomische Betriebe die Bedürfnisse ihrer Gäste zu identifizieren und zur vollsten Zufriedenheit zu stillen. Sie versuchen diese langfristig an ihr Unternehmen zu binden und somit ihren nachhaltigen Unternehmenserfolg zu steigern. Durch Nutzung altbewährter und / oder moderner Kundenbindungsstrategien versuchen die selbstständigen Gewerbetreibenden und ihr Personal einmalige Gäste zu dauerhaften Gästen ihres Hauses zu machen. Strategien sind grundsätzliche, langfristige Verhaltensweisen eines Unternehmens und relevanter Teilbereiche gegenüber ihrer Umwelt zur Verwirklichung ihrer langfristigen Ziele. Bei der Strategiebildung werden folgende Merkmale berücksichtigt: Tätigkeitsbereich, Ressourcen und Wettbewerbsvorteile des Unternehmens sowie mögliche Synergien, welche durch diese Strategien entstehen können (Vgl. Müller-Stewens, 06.06.2011). Das primäre Ziel der Kundenbindungsstrategien ist es, eine individuelle und dauerhafte Gästebeziehung aufzubauen, welche durch Mitbewerber im umkämpften Markt schwer zu brechen ist. Die Schwierigkeit liegt in der

Wahl der passenden und erfolgreichen Strategien, um seine Zielgruppe zu erreichen, zum Kauf zu animieren und dauerhaft zu binden. Wie eingangs zitiert spiegelt sich der Gewinn eines Unternehmens letztlich wider, wie gut wir dem Kunden dienen. Entgegen der Aussage „Servicewüste Deutschland" muss der Kunde im Gaststättengewerbe wieder König sein und im Fokus der unternehmerischem Handlungen und Entscheidungen stehen. Die aufmerksame Restaurantfachkraft sollte die Wünsche des Gastes erkennen und den Aufenthalt des Gastes zu einem besonderen und unvergesslichen Erlebnis werden lassen. Jedoch auch außerhalb der Lokalität gibt es diverse Möglichkeiten seine Gäste zu betreuen, zu informieren und zu begeistern. Insbesondere durch neue technische Innovationen (z.b. Smartphones) kann die jeweilige Zielgruppe rund um die Uhr vielerorts angesprochen werden. Entgegen einer Massenansprache bedarf es im Rahmen von Kundenbindung einer individuellen Kundenansprache, eine Betreuung auf persönliche Ansprüche und Bedürfnisse bezogen, welche es letztlich kontinuierlich aufzuspüren gilt.

1.2 Gang der Untersuchung

Zu Beginn dieser Ausarbeitung werden relevante Begriffe, wie die Kundenbindung und die Servicequalität definiert. Anschließend wird der Stellenwert dessen, bezugnehmend auf seine Relevanz und seinem Nutzen für Gaststätten und deren Gäste erläutert. Im Rahmen dieser Untersuchung wird darauf folgend als Schwerpunkt ein umfassender Überblick über die gängigen klassischen und modernen Kundenbindungsstrategien im Gaststättengewerbe geboten. Hinsichtlich der klassischen Strategien werden Kundenkarten und Coupons näher erläutert. Die Signifikanz eines festen Mitarbeiterstamms und einer professionellen Abwicklung von Beschwerden werden in diesem Zusammenhang zudem erläutert. Innerhalb der modernen Kundenbindungsstrategien werden insbesondere mobile Applications, das soziale Netzwerk Facebook und der Microblogging Dienst Twitter offeriert. Neben einer Definition der jeweiligen Begrifflichkeiten und Erläuterungen bezüglich ihrer Umsetzung, werden diese zur Veranschaulichung anhand von Empfehlungen und vereinzelten Praxisbeispielen präzisiert. Der letzte Teil der Studie beschäftigt sich mit dem Status quo. Mittels einer Primärstudie werden die genannten und zuvor definierten Kundenbindungsstrategien miteinander verglichen. Über q-set.de wurde diesbezüglich ein Fragebogen erstellt und Gastronomen wurden zur Beantwortungen eingeladen. Die Ergebnisse dieser deutschlandweiten Studie werden aufgeführt und interpretiert, um abschließend die erfolgreichsten Kundenbindungsstrategien aufzuzeigen.

2 Bedeutung der Kundenbindung

2.1 Entstehung und Ziele von Kundenbindung

Die derzeitige Marktsituation wird als Käufermarkt bezeichnet. Demnach übersteigt das Angebot die Nachfrage und die Preise für Produkte und Dienstleistungen sinken. Kunden können qualitativ hochwertige Produkte zu marktegerechten Preisen vielerorts erwerben und stehen vor der Entscheidung zwischen nahezu austauschbaren Produkten eine Auswahl zu treffen (Vgl. Hinterhuber und Matzler 2009, 607 ff.). Kunden haben beispielsweise die Möglichkeit zwischen diversen Lieferservices zu wählen, um sich schnell und unkompliziert regionale, nationale oder internationale zubereitete Speisen nach Hause zu ordern. Im Bereich Food und Beverage hat der Endkonsument weiter bereits die Möglichkeit online Lebensmittel zu erwerben. Zum Beispiel bietet Amazon die Kategorie „Lebensmittel und Getränke" an. Die Produktpalette reicht hierbei von Kaffee, Pasta, Gemüse und Gewürzen bis Käse, Bioprodukte und Babynahrung (Vgl. o.V., 07.06.2011). Der Einkauf von Nahrungsmitteln wird daher immer einfacher und Bedarf nur noch weniger Mausklicks. Gaststätten müssen ihren Gästen daher einen Mehrwert bieten. Neben dem Sättigen der Gäste in einem angenehmen Ambiente, nimmt die Servicequalität bei der Erbringung einer Dienstleistung eine tragende Rolle ein.

Um den Wunsch der Unternehmen nachzugehen einen Kunden durch besonderen und individuellen Service an ihr Unternehmen zu binden und zu einem regelmäßigen Nachfrager ihrer Produkte und Dienstleistungen zu machen, bedarf es zunächst einer Definition des Begriffes Kunde. „Ein Kunde ist einer, der mein Produkt kauft, jemand, dem ich eine Dienstleistung erbringe, einer, der einen Bedarf hat" (Rothlauf 2010, 139). Da jedoch Kunde nicht gleich Kunde ist, muss der Terminus „Kunde" differenzierter betrachtet werden. Der einmalige Kunde wird laut Rothlauf als Client bezeichnet und weist eine geringe emotionale Verbundenheit zum Unternehmen auf. Der regelmäßige Nachfrager, welcher aufgrund von Kundenzufriedenheit erneut kauft und / oder die

Dienstleistungen eines Unternehmens verstärkt in Anspruch nimmt, wird als Customer betitelt. Eine Steigerung dessen bildet der Advotate, welcher sich durch Kundenbindung und Kundenloyalität auszeichnet. Der Advocate ist wie der Customer ein regelmäßiger Käufer von Produkten, jedoch zeichnet sich dieser darüber hinaus dadurch aus, dass er Freunden und Bekannten über seine positiven Kauferlebnisse berichtet. Diese Art des Kunden ist emotional stark gebunden und hat Vertrauen in eine Gaststätte und deren Produkte und Dienstleistungen. Letzterer ist für ein Unternehmen sehr wertvoll und kann langfristig den Erfolg eines Unternehmens durch einen Multiplikatoreffekt steigern, indem dieser Dritte von dem Unternehmen begeistert und diese zum Kauf animiert (Vgl. Rothlauf 2010, 140 f.). Ein Unternehmen erreicht über eine individuelle Kundenbetreuung eine Unique selling proposition, welche als entscheidender Erfolgsfaktor und Wettbewerbsvorteil gilt. Aufgrund eines herausragenden Services besitzt eine Gaststätte dadurch ein unverwechselbares Differenzierungsmerkmal für den Gast (Vgl. Esch , 07.06.2011).

Kundenbindung beinhaltet für eine Gaststätte jedoch noch weitere Vorteile. Das Unternehmen kann auf diesem Wege Kosten für Maßnahmen wie beispielsweise Werbung zur Gewinnung von Neukunden einsparen beziehungsweise reduzieren. Zudem führt eine hohe Kundenzufriedenheit und Kundenbindung zu einer geringeren Preiselastizität der Kunden. Zufriedene Kunden und Gäste sind eher bereit für eine Leistung oder ein Produkt mehr zu bezahlen. Ist ein Kunde gebunden ist es schwierig für die Konkurrenten diesen Kunden durch preispolitische Maßnahmen wie Sonderangebote abzuwerben. Weiter weisen loyale Kunden eine größere Toleranz gegenüber Fehlern seitens der Gaststätten auf. Vielmehr empfinden sich Stammkunden als aktive zugehörige Mitgestalter ihrer Gaststätte mit einem hohen Ideengehalt, welcher auch im Rahmen von Beschwerden und Verbesserungsvorschlägen ihre favorisierte Lokalität noch mehr optimieren kann. Sie beschweren sich in der Regel direkt und konstruktiv, dabei wählen sie selten den Weg sich mit anderen über ihre negativen Erfahrungen auszutauschen (Vgl. Hinterhuber und Matzler 2009, 109). Die Thematik des Beschwerdemanagements stellt einen wichtigen Punkt im Rahmen von Kundenbindung dar. Daher wird dieser in der folgenden Ausarbeitung im Abschnitt 4.3 Beschwerdemanagement ausführlicher erläutert.

2.2 Kosten- und Erfolgsfaktor Kunde

Das Pareto Prinzip, welches auf den italienischen Ökonomen Vilfredo Pareto zurückzuführen ist, besagt, dass 20 Prozent der Kunden 80 Prozent des Umsatzes eines Unternehmens ausmachen. Anders formuliert bedeutet dies, dass in 20 Prozent unserer Zeit 80 Prozent unserer Erfolge verbucht werden und umgekehrt. Dies unterstreicht umso mehr, dass Unternehmen sich auf ihre Advocaten konzentrieren sollten. Die Neukundenakquise (durch beispielsweise Printanzeigen, Mailings, Aktionen über das Internet) ist zeitaufwendiger als die Pflege von bestehenden Kundenbeziehungen und bringt im Resultat bei hohem Aufwand weniger Erfolge (vgl. Hinterhuber und Matzler 2010, 610 und Lorenz und Rohrschneider 2010, 99). Jedoch gibt es immer eine gewisse Kundenfluktuation. Gründe für die Veränderung eines Kundenstammes können mitunter Todesfälle und ein Abwandern der Gäste sein. Zudem kann es auch bei Stammkunden zu Diskrepanzen kommen, wenn beispielsweise neue Mitarbeiter eingestellt werden und der Gast aufgrund dessen Service- oder Kommunikationsprobleme verspürt. Ein gewisses Maß an Engagement muss daher dennoch auf die Neukundenakquise verwendet werden, auch wenn diese zunächst weniger Erfolg erbringt (Vgl. Vögele 2010, 13).

Bezüglich der positiven Mund zu Mund Propaganda durch Advocaten, werden positive Erfahrungen durchschnittlich an drei Personen weiter gegeben. Negative Erfahrungen und Erlebnisse werden durchschnittlich 9 bis 10 fach an weitere Personen weitergegeben (Vgl. Hinterhuber und Matzler 2009, 13). Im Zeitalter des Internets können solch schlechte Erfahrungswerte noch schneller verbreitet werden und erreichen zudem einen viel größeren Kreis an Empfängern. Über die Homepage www.restaurant-kritik.de können beispielsweise durch Gäste bis zu fünf Sterne für ein Restaurant in der Gesamtbewertung vergeben werden, welche das Essen, die Bedienung, das Ambiente, die Sauberkeit und das Preis-Leistungsverhältnis bewerten. Jeder private Restaurantkritiker hat zudem die Möglichkeit eine ergänzende Rezension über weitere Details seines Restaurantbesuches schriftlich zu verfassen. Sofern eine Gaststätte dort vermehrt schlechte Kritiken und wenige Sterne erhält, kann dies zu einer schlechten Reputation des Restaurants führen und die Menschen die dies lesen bleiben unter Umständen fern (Vgl. 09.06.2011). Zudem bieten weitere Plattformen wie Facebook und Twitter die Möglichkeit seine Meinung öffentlich an eine Vielzahl von Empfängern weiterzugeben. Diesbezüglich können unter den Punkten 5.2 und 5.3 dieser Ausarbeitung weitere Informationen entnommen werden.

3 Maßstab Servicequalität

3.1 Bedeutung der Servicequalität

Der Begriff Service hat seinen Ursprung in der lateinischen Sprache und lässt sich von dem Wort servire (bedienen) ableiten. In der Gastronomie leisten die Servicekräfte ihren Service im Rahmen der Bewirtungsleistung (Vgl. Bock und Wend 2005, 20). Es können hierbei drei Arten von Serviceleistungen voneinander unterschieden werden. Zunächst gibt es Muss- Serviceleistungen, wie beispielsweise die Bestellungsannahme in einem Restaurant, welche unabdingbar erbracht werden muss. Weiter gibt es die Soll-Serviceleistungen, welche von einem Gast nicht zwingend erwartet werden und Ergänzungen zur Kernleistung darstellen, wie beispielsweise ein Glas Leitungswasser zum Espresso. Letztlich erhöhen die Kann-Serviceleistungen die Attraktivität eines Angebots, da diese einen hohen Kundennutzen stiften und die Mitbewerber diese Leistung vorzugsweise noch nicht erbringen (Vgl. Heckmann und Wolf 2008, 177). Der Begriff Service gewinnt immer mehr an Bedeutung und nach moderneren Definitionen umfasst dieser alle Maßnahmen, die die Nutzung der eigentlichen Hauptleistung letztlich vereinfachen (Vgl. Bock und Wend 2005, 20). Qualität wird subjektiv wahrgenommen und interpretiert und anhand von Erfahrungs- und Erwartungswerten gemessen. Sofern die Erwartungen des Gastes nicht erfüllt werden, spricht man von schlechter Qualität. Werden die Erwartungen des Gastes erfüllt, spricht man von zufriedenstellender Qualität und werden die Erwartung des Gastes übertroffen so spricht man von einer hervorragenden Qualität. Qualität ist somit die Erfüllung von Anforderungen (Vgl. o.V. , 09.06.2011). Servicequalität ergibt sich letztlich aus Servicemomenten (Haltung, Verhalten und Kommunikation des Servicemitarbeiters) und Erfolgsfaktoren (planbare Größen, definierbare Standards) (Vgl. Bestmann und Leyer 2007, 11). Gastronomien versuchen durch innovative und herausragende Serviceleistungen ihre Servicequalität zu erhöhen. Durch sogenannte value added services werden durch Dienstleistungen die Kernleistungen eines Unternehmens wertsteigernd angereichert und Kundenbindung erzeugt (Vgl. Kirchgeorg , 20.06.2011). Der Service als Zusatzleistung, wird auf die Bedürfnisse der Kunden zugeschnitten und gilt als Voraussetzung für eine positive und erfolgreiche Kundenbeziehung (Vgl. Zimmermann 2007, 8). Die nachhaltige emotionale Verbundenheit des Gastes wird seitens der Gaststätten oftmals im Rahmen vom CRM weiterentwickelt. Dieses Beziehungsorientierte Management ist auf den einzelnen Kunden zugeschnitten und passt sich dynamisch und flexibel auf Basis der gesammelten Daten über die Gäste den Bedürfnissen derer an (Vgl. Seidel und Strauss 2007, 23f.). Wirtschaftlicher Erfolg ergibt sich folglich aus der Gestaltung und Förderung der Beziehung zwischen Anbieter und Gast als zentraler Ausgangspunkt (Vgl. Zimmermann 2007, 71f).

3.2 Bewertung und Verbesserung der Servicequalität

Da die Beurteilung von Servicequalität und -leistung komplex und schwierig ist, haben die Amerikaner Zeithaml, Berry und Parasuraman das GAP-Modell entwickelt. Hierbei steht die Interaktion zwischen Kunde und Dienstleister im Mittelpunkt. Beide Parteien haben andere Wahrnehmungen und Erwartungen von ein und derselben Situation. Die Hauptfaktoren, welche die Kundenerwartungen beeinflussen, sind die Mund-zu-Mund-Propaganda unter den Gästen, die individuellen Gästebedürfnisse, bereits gesammelte Erfahrungen in dem Restaurant und die Kommunikation des Restaurants nach außen (Vgl. Heckmann und Wolf 2008, 169). Es entsteht eine Lücke (Gap), welche es zu identifizieren gilt. Im Idealfall äußert der Kunde verständlich und offen seinen Bedarf und die Wünsche, welche er hat. Das Unternehmen empfängt diese Daten und leitet daraus die richtigen Maßnahmen ab und stellt den Kunden zu 100% zufrieden. Die Realität sieht leider nicht so attraktiv aus, denn aufgrund von beiderseitigen Fehleinschätzungen und Missverständnissen leidet die Servicequalität. Durch die Definierung von fünf Gaps sollen Unzulänglichkeiten und Lücken schnell lokalisiert werden (Vgl. o.V., 16.06.2011 und o.V., 16.06.2011). Es handelt sich hierbei beispielsweise um eine Lücke, die entsteht, aufgrund von Diskrepanzen zwischen den Kundenerwartungen und deren Wahrnehmung durch den Dienstleister.

Das GAP-Modell ist lediglich eines aus einer Vielzahl an anerkannten Möglichkeiten, um Serviceleistung zu messen und zu bestimmen. Um darzustellen auf welche Weise der individuelle Gast die individuellen Serviceleistungen eines Unternehmens wahrnimmt und warum diese oftmals nicht der Meinung des Restaurants übereinstimmt, gilt dieses im Zusammenhang zu dieser Ausarbeitung als Referenzmodell. Denn aufgrund von subjektiven Wahrnehmungen und dem Verständnis der Gaststätten, dass eben solche Lücken vorhanden sind, können Unternehmen ihre Kundenbindungsstrategien Zielgruppengerecht gestalten und auswählen, um unter anderem diese Lücken zu minimieren. Zum Erfolg im Rahmen von Kundenbindung tragen die Mitarbeiter enorm bei. Sie repräsentieren für den Gast oftmals den direkten Ansprechpartner zu einer Gastronomie. Daher ist es wichtig, dass die Mitarbeiter verstehen, welche tragende Rolle dem

Kunden zukommt und wie sie ihr Verhalten auf die individuellen Bedürfnisse des Gastes abstimmen können. Der Kunde muss im Mittelpunkt aller Anstrengungen stehen. Wie auch in allen anderen Branchen gibt es unterschiedliche Gästetypen (Vgl. Grüner et al. 2003, 450). Es gilt diese ausfindig zu machen, um eine individuelle Beratung präzisieren zu können. Demnach erhalten Restaurantfachkräfte in guten Häusern eine Schulung woran sie diese voneinander unterscheiden und kategorisieren können. Letztlich gilt es immer die Kundenbrille aufzusetzen (Vgl. Rothlauf 2010, 141). In diesem Zusammenhang ist ein fester Mitarbeiterstamm von hoher Relevanz und als Instrument der Kundenbindungsstrategien zu beachten. In der laufenden Ausarbeit wird unter dem Gliederungspunkt 4.2 eine ausführliche Erläuterung diesbezüglich geboten.

4 Anwendung klassischer Kundenbindungsstrategien

4.1 Definition und Eingrenzung klassischer Strategien

Bevor sich das Gastgewerbe entwickelt hat, wurde Gastfreundschaft bei den Germanen, Römern und Griechen als eine sittliche Pflicht angesehen. Fremden wurden Schutz, Obdach und Speisen angeboten. Immanuel Kant sprach erstmals von dem Recht auf Gastfreundschaft und Pflicht zur Gastfreundschaft (Vgl. Bischof 2004, 434). Heute im Jahre 2011 gibt es noch immer Gastfreundschaft. Im Rahmen von Gaststätten ist dies eine unabdingbare Voraussetzung seine Gäste herzlich zu empfangen und für ihr Wohl zu sorgen. Jedoch geschieht dies im Gegenzug zu einer monetären Gegenleistung. Somit hat sich der Begriff der Gastfreundschaft bezogen auf das mittlerweile entstandene Gaststättengewerbe, entgegen privater Beziehungen, verändert. Aufgrund von außergewöhnlicher Dienstleistung und individuellem Service entstehen Bindungen. Kunden zu binden bedeutet heutzutage fähig zu sein „Danke" zu sagen. Gaststätten bringen dem Kunden Wertschätzung entgegen und zeigen ihre Freude über seine Treue. Diesbezüglich bieten sich viele Maßnahmen an. Im folgendem werden die unterschiedlichen gängigen Kundenbindungsstrategien erläutert. Zwecks Übersichtlichkeit werden hierbei klassische von modernen Strategien abgegrenzt. Im Zuge der Entwicklung des Internets und der Technik werden den Gaststätten viele neue Möglichkeiten geboten mit ihren Kunden in den Kontakt zu treten. Insbesondere die Entwicklungen des letzten halben Jahrzehnts werden daher zu den modernen Strategien gezählt. Das Gaststättengewerbe hat eine lange Historie und viele Maßnahmen sind seit geraumer Zeit erprobt und bewährt. Insbesondere die Maßnahmen, welche ohne Nutzung moderner technischer Hilfsmittel realisiert werden können, werden an dieser Stelle erläutert. Dies kann beispielsweise bedeuten, dass Gaststätten durch überraschende kleine Incentives ihre Gäste versuchen zu begeistern und sich bei ihnen zu bedanken. Stammgästen kann zu ihren Geburtstagsfeierlichkeiten eine Flasche von dem guten Wein des Hauses, begleitend durch eine liebevolle Grußkarte im Namen der gesamten Belegschaft, überreicht werden (Vgl. o.V. , 05.08.2011). Für viele Gaststätten ist es unerlässlich eine Kundenkartei zu betreiben und ständig zu aktualisieren. Neben den Kontaktdaten können dort alle relevanten und besonderen Informationen wie beispielsweise Geburtstage, Hochzeitstage, Interessen und Essgewohnheiten, welche im Laufe der Geschäftsbeziehung gesammelt werden, dort vermerkt werden (Vgl. Wischermann, 05.08.2011). Dem jungen Nachwuchs von Stammgästen sollte zudem Beachtung geschenkt werden. Oftmals sind sie der entscheidende Faktor für welche Lokalität ihre Eltern ihr Geld ausgeben. Weiter werden die Kinder im steigenden Alter auch gerne mit ihrer Familie wiederkommen, sofern sie von der Gaststätte schon als Kind begeistert waren. Kinder kann man mit vielen kleinen Gesten begeistern: Einen Lutscher nach dem Essen, Malutensilien zur Beschäftigung in der Gaststätte. Aber auch Kinderbesteck, eine Spielecke, eine Kinderspeisekarte, Teller in Form einer Mickey Mouse überzeugen Kind und Eltern. Insbesondere auch im Interesse der anderen Gäste sollten Kinder immer unter Beobachtung stehen und vom Servicepersonal unterhalten werden, damit diese nicht zu unruhig und laut werden (Vgl. o.V. , 05.08.2011). Ein besonderes Highlight ist für die Kinder eine kleine Führung hinter dem Tresen oder in der Küche. Mc Donalds und Burger King bieten dieses unter Absprache bei ihren Kindergeburtstagangeboten an. Selbstverständlich ist hierbei die HACCP zu beachten (Vgl. o.V., 12.07.2011 und o.V. , 12.07.2011).

Es freuen sich viele Gäste, wenn ihre Meinung als geschätzter Gast erfragt wird. Neben dem direkten Dialog am POS bieten sich weitere Wege an, um mit dem Kunden in den Kontakt zu treten, diesen über Angebote und Erneuerungen zu informieren und ihm am ständigen Verbesserungsprozess des Services und der Leistung teilhaben zu lassen. Gerade im Bereich Lebensmittel gibt es ständig neue Trends und Entwicklungen. Begrifflichkeiten wie beispielsweise functional- oder chilled food sind aktuell und wecken das Interesse vieler Gäste. Aber auch Laktoseintoleranz und Diabetis mellitus werden vielerorts thematisiert und im Sinne der Betroffenen berücksichtigt (Vgl. o.V. , 05.08.2011). Um seine Produkte und Dienstleistungen optimal zu präsentieren und zu vertreiben, freuen sich Gaststätten über einen offenen und ehrlichen Dialog mit dem Gast, um deren Wünsche, Erwartungen und Bedürfnisse kontinuierlich aufzuspüren (Vgl. Kreutzer 2009, 1 ff.). Auf dem klassischen Wege durch direct mails werden Briefe an die Gäste versendet. Eine weitere Möglichkeit bietet unter Berücksichtigung der Technik der Versand von E-Mails. Diese werden aufgrund der hohen Geschwindigkeit bei der Versendung und der Möglichkeit einer Personalisierung bei der Ansprache oftmals anderen Möglichkeiten gegenüber bevorzugt. Das Telefonat hat den Vorteil, dass sofort ein direkter Dialog entsteht, jedoch bedeutet dies im Gegenzug einen hohen Personalaufwand sofern beispielsweise via Telefon viele Gäste informiert oder befragt werden sollen. Der Versand von SMS ist zudem sehr kostenintensiv, bietet sich aber als weitere Möglichkeit an. Zudem ist hierbei stets die rechtliche Lage zu beachten bezüglich der Regelungen für einen Erstkontakt (Vgl. o.V. , 06.08.2011).

Es empfiehlt sich auch neben seiner regulären Geschäftstätigkeit seine Gäste durch ungewöhnliche Events in und außer Haus zu begeistern. Das Restaurant Fiedler in Bremerhaven präsentiert sich seit vier Jahren bei dem Weinfest in der Bremerhavener Innenstadt. Unter der Leitung der City Skipper können sich dort Gastronomien und Weinfachgeschäfte für die Dauer der Veranstaltung dem Laufpublikum präsentieren und Produkte und Dienstleistungen aus ihrem Sortiment vertreiben (Vgl. o.V. , 05.08.2011). In einer Art Marktcharakter werden dort auch Stammgäste angenehm überrascht. Dort können neue und beständige Produkte des Hauses in einem abwechslungsreichen Ambiente und Zusammenhang angeboten werden. Die Mitarbeiter haben viel Zeit für die Kommunikation. Viele Gäste freuen sich auch in unbekannter Atmosphäre erkannt zu werden und suchen den Dialog. Insbesondere aber zu einer speziellen Thematik können sich die Mitarbeiter äußern und Empfehlungen aussprechen. Weininteressierte Stammgäste können hier Fachgespräche suchen. Im Rahmen von Events im Handel ist die Firma Red Bull sehr erfolgreich und gilt für viele Unternehmen diverser Branchen als Vorbild. Unter diesem Label werden weltweit viele Veranstaltungen umgesetzt und nunmehr steht die Marke Red Bull für viel mehr als nur ein Energygetränk. Kundenbindung kann auf vielen Wegen erzeugt werden, wie dieses Beispiel zeigt. Mut zur Einzigartigkeit und Innovationstalent kann ebenso Kunden überzeugen (Vgl. o.V. , 18.07.2011).

Im folgendem werden vier sehr wichtige klassische Kundenbindungsstrategien vorgestellt und näher erläutert: Der feste Mitarbeiterstamm, das Beschwerdemanagement, die Kundenkarten und das Couponing.

4.2 Fester Mitarbeiterstamm

Die Ritz-Carlton Hotel Company hat den "Tag 21" eingeführt. Am einundzwanzigsten Arbeitstag der neuen Mitarbeiter gibt man ihnen die Chance offen über ihre gesammelten positiven und negativen Erlebnisse zu sprechen. Man bietet den neuen Mitgliedern des Hauses die Gelegenheit Anregungen und Verbesserungsvorschläge anzubringen, bevor diese negativen Erfahrungen den Mitarbeiter bei seiner Arbeit beeinflussen, demotivieren oder sich auf die Belegschaft ausbreiten. Diese vertraulichen Informationen werden ernst genommen und Problemlösungen werden gemeinsam gesucht (Vgl. Michelli 2009, 111). Gerade in der Gastronomie ist eine hohe Mitarbeiterfluktuation zu bemerken, daher ist es für Unternehmen in dieser Branche wichtig, diese an sich zu binden, um mit ihnen erfolgreich zu agieren (Vgl. Pichler, 29.06.2011). Im Vergleich zu vielen anderen Berufszweigen sind die Arbeitsbedingungen im Gaststättengewerbe eine Herausforderung. Laut dem Bericht „Schutz für die Beschäftigten von Hotels, Restaurants und Cateringunternehmen" erstellt von der EU-OSHA, sind die Beschäftigten hohen psychosozialen Risiken und körperlichen Belastungen ausgesetzt. Unter anderem gelten der Schichtdienst, Stress und die schwere Vereinbarung von Arbeit und Privatleben als Herausforderung Eine ausgeglichene Work-Life-Balance ist demnach für manche Gaststätten essenziell, damit die Mitarbeiter nicht ausgelaugt werden oder schlimmer kein Burn-out droht (Vgl. o.V. , 29.06.2011). Die Service-Profit-Kette der Harvard Business School, welche sich vielerorts durchgesetzt hat, zeigt auf wie entscheidend zufriedenes Personal ist. Hierbei wird ein starker Zusammenhang zwischen Kunden- und Mitarbeiterorientierung herausgebildet. Zufriedene Mitarbeiter arbeiten motiviert und erbringen in der Regel eine hohe Qualität, welche sich auf die Kundenzufriedenheit auswirkt. Diese Kundenzufriedenheit spiegelt sich in Kundenbindung wider und bedeutet für das Unternehmen einen höheren Profit (Vgl. Heskett et al., 29.06.2011). Diesbezüglich empfiehlt es sich für Gaststätten ihre Mitarbeiter für ihren Fleiß unter schweren Bedingungen zu belohnen und zu weiteren Höchstleistungen zu animieren. Es bieten sich mehrere Optionen an, um dieses Vorhaben umzusetzen.

„Tell me and I`ll forget; show me and I may remember; involve me and I`ll understand" (o.V., 06.08.2011).

Wie dieses amerikanische Sprichwort besagt, empfiehlt es sich seine Mitarbeiter in das tägliche Geschäft zu involvieren, um sie zu motivieren und folglich ihr volles Leistungspotential auszuschöpfen. Neben regelmäßigen Feedbackgesprächen, wie sie die Ritz-Carlton Hotel Company führt, ist es ratsam innerhalb der Belegschaft regelmäßige Meetings zu veranstalten. Auf diesem Wege sind die Mitarbeiter stets über die aktuellen Geschehnisse transparent und offen informiert und in Entscheidungs- und Denkprozesse mit einbezogen.

In Anlehnung dessen sei hinzugefügt, dass die Motivationstheorie von Maslow besagt, dass die Spitze seiner Bedürfnispyramide die Selbstverwirklichung darstellt. Demnach bedeutet dies, dass Menschen nach Weisheit und die Entwicklung von Kreativität und Individualität streben. Dieser fünften und höchsten Ebene der Pyramide sind jedoch Grenzen gesetzt und diese unbefriedigten Bedürfnisse motivieren zu Aktivität (Vgl. Kressler 2001, 30f.). Die Ideen der Mitarbeiter können nicht nur der Gaststätte nutzen, sondern der Mitarbeiter kann auch seinem Drang nach Selbstverwirklichung und Kreativität im Arbeitsalltag auf diesem Wege gerecht werden und diesem motivieren.

Ferner können informierte und involvierte Mitarbeiter den Gästen mit Rat und Tat zur Seite stehen und müssen aufgrund von Unwissenheit nicht mehr zu viele Aufgaben an die richtigen informierten Mitarbeiter weiterleiten. Weiter wirken Verantwortung und Entscheidungsbefugnis zufriedenheitsstiftend und motivationsfördernd. Insbesondere im Gaststättengewerbe agieren Restaurantfachkräfte oftmals als Stationskellner und kümmern sich selbstständig um einen gewissen Gästekreis. Im Sinne der Service-Profit-Kette kann der zufriedene Mitarbeiter hier Kundenzufriedenheit und somit auch Kundenbindung erzeugen. Diverse Gaststätten arbeiten mit einer Mitarbeiter- oder Umsatzbeteiligung als Anreizsystem, um ihre Mitarbeiter zu Höchstleistungen zu motivieren. Hierbei handelt es sich um eine Vergütung, welche den Arbeitseinsatz und die Arbeitsresultate honoriert. Beispielsweise erhält ein Kellner, wenn er im Durchschnitt pro Tag mehr als 2000 € Umsatz generiert, 10 % des durchschnittlichen Überschuss. Dies bedeutet wenn der durchschnittliche Umsatz des Kellners XY im Juni 2011 4000 € betragen hat, so bekommt er zu seinen festen Gehalt noch 200 € Brutto zusätzlich vergütet (Vgl. Kressler 2001, 154). Es sei hinzugefügt, dass in der Wissenschaft durch die Zwei-Faktoren-Theorie von Herzberg die Bezahlung, als Hygienefaktor oder intrinsischer Faktor bezeichnet, lediglich Unzufriedenheit verhindert, jedoch nur durch Motivatoren (extrinsische Faktoren) wie z.B. durch Herausforderung, Zufriedenheit gestiftet werden kann (Vgl. Kressler 2001, 38f.). Diesbezüglich ist das Ergebnis der Primärstudie interessant, inwiefern die Versuchspersonen die Vergütung aktuell als Maßnahme einsetzen.

Eine weitere Möglichkeit seine Mitarbeiter zu motivieren, wird über die Bereitstellung eines Mitarbeiter-Kummerkastens ermöglicht. Zum einen versuchen die Gaststätten größerer Häuser auf diesem Wege ihre Krankenquote zu senken und zum anderen die Mitarbeiterzufriedenheit zu steigern. Viele Mitarbeiter trauen sich nicht offen ihre Meinung bei Unzufriedenheit zu äußern. Auf diese Weise kann anonym Stellung bezogen werden. Anstatt eines Kummerkastens engagieren manche Häuser auch Pädagogen oder interne Ansprechpartner für die Betreuung ihrer Mitarbeiter (Vgl. o.V. , 06.08.2011). Persönliche Probleme können die Arbeitsleistung der Mitarbeiter beeinträchtigen und im Interesse der Gaststätte können diese vor Ort angesprochen werden. Andere Gaststätten honorieren besonders fleißige Mitarbeiter, indem sie diese Person zum Mitarbeiter des Monats ernennen. Oftmals wird diese Ernennung durch ein Bild im Gastraum öffentlich gemacht. Jedoch gibt es bezüglich dieser Maßnahme zur Motivation auch negative Meinungen. Der Versuch Mitarbeiter des Monats zu werden und trotz enormer Anstrengung zu versagen, kann im Kehrschluss sehr demotivierend wirken. Zudem können innerhalb des Teams leicht Neider entstehen und anstatt im Team zu arbeiten wird gewetteifert (Vgl. Trenkamp , 06.08.2011). Eine weitere beliebte Variante seine Mitarbeiter zu motivieren ist es Personalessen anzubieten oder aber Rabatt auf den Verzehr im Haus zu gewähren. Da neue Produkte und zubereitete Speisen von unterschiedlichen Personen geschmacklich getestet werden sollen, bevor sie in der Speisekarte für den Gast angeboten werden, könnten diese im Rahmen der Mittagspause angeboten werden. Außerdem sollten die Servicekräfte alle Produkte probiert haben, um diese bestmöglich am Tisch anbieten zu können. Zudem ist es oftmals billiger Waren in großen Mengen beim Lieferanten oder Großmarkt zu bestellen und der Verlust für diese Motivationsmaßnahme hält sich für die Gaststätten in Grenzen.

Neben den Mitarbeitern haben auch andere Personen und / oder Personengruppen einen großen Einfluss auf die Kundenzufriedenheit und folglich der Kundenbindung. Stakeholder, sprich Personen mit einem großen Einfluss auf den Erfolg eines Unternehmens, sind beispielsweise auch die Lieferanten. Gaststätten sind auf eine zuverlässige funktionierende Beziehung zu ihren Lieferanten angewiesen, da sie sonst unter Umständen ihren Gästen erklären muss, warum der Cabernet Sauvignon heute nicht verfügbar ist (Vgl. Possler und Thombansen 2008, 25).

4.3 Beschwerdemanagement

Eine Beschwerde ist eine artikulierte Unzufriedenheit, welche schriftlich oder mündlich über diverse Kanäle erfolgen kann und keine kaufrechtliche Konsequenz hat. Hierbei wird ein Verhalten eines Anbieters durch einen Kunden subjektiv als schädigend empfunden. Der Begriff Reklamation ist eine spezielle Form der Beschwerde, welche aufgrund eines rechtlichen Hintergrundes zu kaufrechtlichen Ansprüchen führen kann Im Rahmen eines Beschwerdemanagements versuchen die Anbieter sämtliche Kritikäußerungen und Verbesserungsvorschläge aktiv zu bearbeiten und zur Zufriedenheit des Kunden zu lösen (Vgl. Possler und Thombansen 2008, 60 f. und Heckmann und Wolf 2008, 200). Das primäre Ziel des Beschwerdemanagements ist die Erhöhung des Gewinns und der Wettbewerbsfähigkeit. Ferner wird versucht gefährdete Kundenbeziehungen zu stabilisieren, aus den angebrachten Defiziten zu lernen und die Qualität von Produkten und Dienstleistungen zu optimieren (Vgl. Seidel und Strauss 2007, 79).

70 Prozent der unzufriedenen Gäste bringen ihre Beschwerde nicht an, sondern bleiben der Gastronomie einfach fern. Das Restaurant hat somit nicht die Chance ihre vom Kunden wahrgenommenen und nicht artikulierte Defizite zu erfahren und sich zu verbessern, beziehungsweise die Möglichkeit den Gast zu halten und ihm das Gefühl zu bereiten sich gut aufgehoben zu fühlen (Vgl. Heckmann und Wolf 2008, 202). Laut Hinterhuber und Matzler würden 83 Prozent der Kunden, welche eine Beschwerde anbringen, wieder kaufen bei einer schnellen und zufriedenstellenden Bearbeitung (Vgl. 2009, 123). Beschwerden sollten von Gaststätten als positiv angesehen werden und nicht als unangenehm und ungewollt. Viele Unternehmen machen es ihren Kunden schwer sich zu beschweren und bieten daher keine oder kaum Hinweise, an wen sich der unzufriedenen Kunden wenden soll (Vgl. Seidel und Strauss 2007, 21). Im Gaststättengewerbe sind es oftmals die Servicemitarbeiter, welche mit den Beschwerden der Gäste konfrontiert werden. Das Servicepersonal sollte mit solchen Situationen zurechtkommen und Beschwerden im Sinne des Gastes optimal lösen können. Die Bereitschaft Fehler einzugestehen und nicht auf andere „abzuwälzen" sollte bei dem Fachpersonal vorhanden sein. Zudem ist es von großer Bedeutung, dass die angebrachte Beschwerde interessiert und aufmerksam angenommen wird. Mit diplomatischem Geschick versuchen die Mitarbeiter den Ärger des Kunden brechen und dieses niemals persönlich zu nehmen oder sich provozieren lassen. Mitarbeiter mit Entscheidungsbefugnis können umgehend handeln und eventuell einen Gutschein ausstellen oder einen Kaffee oder ein Dessert ausgeben, um dem Gast milde zu stimmen. Diese

kleinen Aufmerksamkeiten sollten jedoch im angemessenen Verhältnis geschehen. Hierbei empfiehlt es sich, dass intern Regeln festgelegt werden, wie bei Beschwerden vorgegangen werden soll. Es ist ratsam, sich zunächst zu entschuldigen und sein Verständnis für die Situation auszudrücken. Weiter sollten die Mitarbeiter, welche die Beschwerde angenommen haben, diese ernst nehmen und eine weitere Bearbeitung sicherstellen (Vgl. o.V. , 19.08.2011). Es empfiehlt sich ein Beschwerdebuch am Tresen zu führen in welchem die Beschwerden schriftlich notiert und festgehalten werden. Unter anderem können dort das Datum und Uhrzeit der Beschwerde notiert werden. Der Name der Person, welche die Beschwerde angenommen hat, sowie Grund der Beschwerde und mögliche bereits geleistete Aufmerksamkeiten. Es kann auch vermerkt werden, wer sich um die weitere Bearbeitung bemüht. Sofern die Beschwerde endgültig bearbeitet wurde, kann dies durch ein Namenskürzel und Datum nachvollzogen werden. Diese Notizen in computerbasierter Form zudem oder alternativ gespeichert werden. Dies kann beispielsweise in MS Excel geschehen und kann leicht am Jahresende für die Statistik verwendet werden. Weiter kann es vorkommen, dass Mitarbeiter aus Selbstschutz manche Beschwerden nicht weiter geben. Im Rahmen von Gesprächen soll dem Serviceteam vermittelt werden, dass alle Beschwerden weitergegeben werden sollen. Beschwerden sollten immer als Chance angesehen werden, durch welche man sich verbessern kann (Vgl. Brückner 2007, 12.07.2011). Wo Menschen agieren, können Fehler passieren. Die Herausforderung liegt darin, den Mitarbeitern die Angst vor Beschwerden zu nehmen und diese für diese Thematik zu sensibilisieren.

Laut Herrn Schulz von Thun gibt es zwischenmenschlich vier Ohren der Kommunikation. Auf vier verschiedenen Ebenen kann eine und die Selbe Aussage formuliert und verstanden werden. Sofern Sender und Empfänger die Botschaft nicht auf der Selben Ebene versenden und empfangen führt dies zu Kommunikationsproblemen Es ist wichtig aktiv zu zuhören und Aufgabe des Fachpersonals die Botschaft auf der richtigen Ebenen zu interpretieren. Dem Gast zunächst ausreden zu lassen und sich und seinen Emotionen Luft zu machen und sich nicht negativ von dieser Laune beeinflussen zu lassen (Vgl. o.V. , 06.08.2011).

Manche Gastronomien bieten im Vorfeld ihren Gästen an ihre Meinung zu äußern. Durch das Anbringen einer Beschwerdebox (oder positiv formuliert: Feedbackbox) können Gäste diskret Mängel ansprechen, welche sonst evtl. nur Außenstehenden mitgeteilt werden. Dies ist ein Appell, um unzufriedene Gäste zur Artikulation von Beschwerden zu animieren (Vgl. Seidel und Strauss 2007, 17). Unter Umständen ist es empfehlenswert den Gästen auf ihrem Zahlteller neben dem Rechnungsbeleg auch einen Meinungszettel inklusive Kugelschreiber zu hinterlegen. Als Anreiz für die rege Teilnahme an dieser „Umfrage", kann zum Beispiel ein Essen für Zwei verlost werden. Sofern die Gäste an dieser Verlosung teilnehmen, werden diese für die Gaststätte adressierbar und man bekommt noch mehr hilfreiche Informationen für die Kundenkartei, um künftig noch mehr auf deren Bedürfnisse einzugehen.

4.4 Kundenkarten

Viele Unternehmen entscheiden sich heute ein Kundenkartenprogramm zu realisieren, um Kunden zu binden und gleichzeitig gezielt Informationen über diese zu erlangen. Je mehr Informationen ein Kunde freiwillig über sich preisgibt, desto besser kann ein Unternehmen sich auf diese einlassen und deren Bedürfnisse zur vollsten Zufriedenheit stillen. Kundenkarten sind in unzähliger Art und Weise in vielen Branchen vorhanden. Bekannte Kartenprogramme sind beispielsweise Payback, Happy Digits, die Ikea Family Card und die Douglas Card. Inhaber einer Douglas Card können unter anderem als Vorteil europaweit bargeldlos mit ihrer Card bezahlen. Am Ende eines jeden Monats erfolgt dann die Abrechnung via Bankeinzug (Vgl. o.V. , 28.06.2011). Die Douglas holding erhält auf diesem Wege wertvolle Informationen über ihre Kunden. Sie erfahren wann und in welcher Filiale ihre Kunden etwas gekauft haben. Zudem erfahren sie, welche Artikel sie erworben haben und wie viel Geld sie bei ihrem Einkauf ausgegeben haben. Mittels dieser Daten kann die jeweilige Kundenhistorie verfolgt und dokumentiert werden. In ihrer Funktionsweise sind Kundenkarten häufig wie folgt gestaltet: Die Besitzer einer solchen Karte sammeln Bonuspunkte durch ihren Einkauf und erhalten vom Unternehmen als Gegenleistung für ihre Treue diverse Rabatte und / oder Zugang zu besonderen Serviceleistungen. Die Kundenkarten haben eine Ausweis- und Identifikationsfunktion, welche den Karteninhaber berechtigt, die mit dieser Karte verbundenen Leistungen in Anspruch zu nehmen. Weiter nehmen Kundenkarten, welche die Inhaber im Portemonnaie bei sich führen, eine Erinnerungsfunktion ein. Beim regelmäßigen Öffnen der Brieftasche wird das Restaurant in das Bewusstsein gerufen. Um geeignete Teilnehmer für sein Kundenkartenprogramm zu gewinnen eignen sich folgende Maßnahmen: Information und Kartenausgabe am POS, Ausgabe als Promotionsaktion oder im Rahmen von Events, Information über das Kundenkartenprogramm über elektronischer Medien wie SMS oder E-Mail oder über Massen- bzw. Individualwerbung über andere Medien sowie über Mitglieder-werben-Mitglieder-Aktionen (Vgl.

Klingsporn und Krafft 2007, 80). Im Gaststättengewerbe bietet sich im Rahmen der Gestaltungsmöglichkeiten eine Rabattaktion oder Bonusfunktion an (Vgl. Klingsporn und Krafft 2007, 3 ff.) <u>Loyale Kunden werden für ein wiederholtes bestimmtes Verhalten belohnt.</u> Das Restaurant Fiedler, welches im Schaufenster Fischereihafen in Bremerhaven ansässig ist, hat im Zeitraum von 2008 bis 2010 im Rahmen ihres Kundenkartenprogramms Stempelkarten an ihre Gäste vergeben. Die Gäste, welche ein solches Heft besessen haben, bekamen vom Servicepersonal für jeden von der eingetragenen Person bezahlten Hauptgang einen Stempel. Wenn der Gast zehn Stempel gesammelt hat, konnte er diese bei seinem nächsten Besuch einlösen und hat 15 € auf seinen Rechnungsbetrag gutgeschrieben bekommen. Das Restaurant hat ihren Gästen somit einen Bonus angeboten, welcher diese zusätzlich motiviert hat, der Gaststätte die Treue zu halten. Die Familie Fiedler konnte neben steigenden Umsätzen zusätzlich Informationen über ihre Gäste erhalten Ihre Gäste wurden adressierbar (Vgl. Fiedler 2011). Ganz im Sinne des Dialogmarketings kann aufgrund dessen eine Kommunikation entstehen, um die Bedürfnisse seiner Gäste zu erkennen und die Produkte und Dienstleistungen ihres Unternehmens optimal zu präsentieren und zu vertreiben. Im Rahmen von Dialogmarketing unterbreiten Gaststätten ihren Gästen personalisierte und individualisierte Angebote um ihre Umsätze zu steigern (Vgl. Kreutzer, 2009, 1ff). Das Airborne Restaurant, ein Selbstbedienungsrestaurant am Flughafen in Zürich, arbeitet mit einem geschlossenen Kundenkartenprogramm, welches eine Rabattfunktion beinhaltet. Stammkunden ohne einen Flugschein können eine solche Kundenkarte beantragen. Diesen wird nach Erhalt der Karte ein Rabatt von 10 % auf die Produkte des Hauses gewährt. Die AGB`s des Hauses beinhalten die genauen Bedingungen dieser Kundenkartenbeziehung. Sofern der Gast dem Restaurant längere Zeit fern bleibt, gilt dieser im Sinne der AGB`s nicht mehr als Stammkunde, die Karte wird gesperrt und der Gast hat keinen Anspruch mehr auf seinen Rabatt (Vgl. <u>o.V.</u> , 28.06.2011). Zu bemerken ist, dass in einem Selbstbedienungsrestaurant keine Restaurantfachkraft zum Bedienen vorhanden ist. Um den persönlichen Kontakt zu fördern gibt es aber eine offene Küche. Dieses Frontcooking bietet den Kunden einen glaubhaften und realen Einblick in das Küchengeschehen. Sie können sich persönlich von der Einhaltung der Hygienevorschriften, wie der HACCP überzeugen. Der Kontakt zwischen Gast und Küchencrew wird gefördert und eine unmittelbare Kommunikation wird ermöglicht (Vgl. Possler und Thombansen 2008, 94). Wie bereits im Abschnitt 4.2 dieser Ausarbeitung angemerkt wurde fördern Mitarbeiter die Kundenbindung.

4.5 Couponing

Coupons werden von Unternehmen an ihre Kunden vergeben oder verschickt und diese können sie im Geschäftslokal einlösen (Vgl. Esch , 11.07.2011).In der Regel sind solche Coupons im Gastgewerbe für eine Dauer von einem Jahr gültig und versprechen im Durchschnitt eine Einsparung auf den Rechnungsbetrag von 50 %. Im Gastgewerbe sind das Gutscheinbuch (Der günstigere Hauptgang muss von dem Gast nicht bezahlt werden) und Rabatte über Groupon Beispiele für erfolgreiche Couponaktionen (Vgl. o.V. , 28.08.2011 und o.V. , 28.08.2011). In Deutschland sind solche Rabattaktionen erst seit dem Wegfall des alten Rabattgesetzes im Jahre 2001 erlaubt (Vgl. o.V. , 06.08.2011). Coupons werden neben einer Erhöhung des Umsatzes aufgrund von Zusatzverkäufen zur Kundenbindung eingesetzt. Grundsätzlich wird versucht, neue Gäste auf Dauer für sein Restaurant zu gewinnen. Um erfolgreich mit dieser Rabattaktion zu agieren empfiehlt es sich zuvor eine Kalkulation zu erstellen. Da wie beim Gutscheinbuch das Restaurant dem Kunden das günstigere Essen ausgibt, können Verluste entstehen. Damit die Couponaktion nicht das laufende Geschäft stören beziehungsweise Stammgäste sich nicht belästigt fühlen von den Schnäppchenjägern, bietet es sich zudem an, die Aktion nur montags bis freitags zur Mittagszeit anzubieten. Dies ist individuell zu entscheiden und taktisch ist eine Uhrzeit zu wählen, an dem keine Stoßzeit (Hauptgeschäftszeit) herrscht, sondern dies ist auf Zeiten einer schwachen Auslastung zu verlegen. Zudem dürfen diese „Rabattgäste" nicht wie Gäste zweiter Wahl angesehen werden, sondern sollten mit der selben Hingabe wie Stammgäste bedient werden. Nur Gäste, die vom Service und den Produkten begeistert sind, werden gerne wieder kommen. Zudem kann man durch Zusatzverkäufen wie einen gesteigerten Getränkeverzehr oder einem Digestif nach dem Essen zu steigern. Letztlich rentiert sich das Couponing erst, wenn die Gäste wiederkommen: Gäste die aufgrund des Coupons eine Gaststätte besucht haben, welche diese sonst eventuell nicht besucht hätten. Coupons gibt es seit einer geraumen Zeit. Im Wandel der Zeit werden Printaktionen vielerorts von Internetaktionen (E-Couponing) und Mobile-Couponing-Aktionen abgelöst. Für welchen Weg man sich entscheidet, ist stark zielgruppenabhängig. Groupon und DailyDeal sind Anbieter für Coupons im Internet. Diese Dienstleister übernehmen für Gaststätten die Adressgenerierung, die Produktion der Coupons, Distribution, Logistik, Einlösung, Zahlung und Reporting. In diesem Fall kam man von einer triple win Situation sprechen, da neben dem Restaurant und dem Kunden auch die Dienstleistungsfirma profitiert (Vgl. o.V. , 11.07.2011).

5 Anwendung moderner Kundenbindungsstrategien

5.1 Definition und Eingrenzung moderner Strategien

„Das einzig Beständige ist der Wandel" (o.V., 08.06.2011).

Das Internet wird heutzutage nicht mehr nur für die reine Verarbeitung von Daten und zum Produktverkauf verwendet. Eine Beteiligung aller Nutzer am Web und eine Generierung weiteren Zusatznutzens stehen nun vielmehr im Vordergrund. Innerhalb interaktiver Communities werden unter anderem auf Plattformen Ideen, Bilder und Software ausgetauscht (Vgl. Lakes, R., 04.07.2011 und o.V., 04.07.2011). Social Media sind solche Plattformen im Internet. Soziale Netzwerke, wie beispielsweise Facebook und Twitter ermöglichen es den Usern zu kommunizieren. Die Nutzer sind Sender und Empfänger zugleich. Oftmals ist es nötig ein Profil anzulegen, um in einen solchen Netzwerk aktiv werden zu können. Die verschiedenen Social Media Kanäle können vereinzelt über Anwendungen miteinander verknüpft werden. Über sogenannte „Social Media Dashboards" können User unterschiedliche Kanäle integrieren, um den Überblick zu behalten. Bekannte Anwendungen dafür sind beispielsweise Tweetdeck und Hootsuite. Social Media ist ein Trend, welcher weltweit generationsübergreifend privat aber zunehmend immer mehr beruflich verfolgt wird. Viele Unternehmen präsentieren sich in solchen Netzwerken, um die Bekanntheit ihrer Marke zu steigern. Jedoch fehlen gerade kleinen Unternehmen oftmals die Erfahrungen und die Ressourcen, um in solchen Netzwerken aktiv zu werden (Vgl. Bender et al., 2011). Weiter verfolgen sie die Ziele der positiven Mundpropaganda, Neukundenakquise, Nutzung des viralen Marketings, Innovationsförderung durch Kommunikation in Echtzeit und Suchmaschinenoptimierung. Unternehmen rekrutieren potentielle Mitarbeiter über solche Communities. Kundenbindung spielt im Social Media zudem eine tragende Rolle. Der persönliche zeitnahe Dialog und Support ist ein wichtiges Element der Kundenbindung (Vgl. Heymann-Reder 2011, 20ff.). Eine Strategie ist für ein Unternehmen, welches im Social Media aktiv ist, enorm wichtig. Es sollte sich bewusst sein, wo es steht, wo es hin will, wie es dort hin kommt und was es dafür einsetzen muss, um seine Ziele bestmöglich umzusetzen. Lediglich 5 % der deutschen Firmen, welche im Social Media Marketing aktiv sind, haben eine Social-Media-Abteilung (Vgl. Heymann-Reder 2011, 27). Neben der Strategie ist ein richtiger Einstieg von großer Bedeutung. Demnach ist es zu empfehlen zunächst zuzuhören, sprich sich mit dem Medium vertraut zu machen und andere bei ihrer Aktivität zu beobachten. Nachdem nun verstanden wurde wie andere erfolgreich agieren, kann ein Unternehmen nun testen, was als unterhaltsam gilt und Informationen können weitergegeben werden, bevor eine regelmäßige beidseitige Kommunikation entstehen kann (Vgl. Heymann-Reder 2011, 108). Interaktionen sind zu fördern. Es besteht die Möglichkeit interessante Diskussionen anzuregen, Umfragen zu starten, Wettbewerbe anzubieten und Fragebögen einzustellen (Vgl. Heymann-Reder 2011, 120).

5.2 Facebook

Facebook ist ein kostenloses soziales Netzwerk im Internet. Angemeldete Personen können dort unter anderem ihr eigenes Profil erstellen, Fotos und Videos hochladen, anderen angemeldeten Personen Nachrichten schreiben und deren Einträge kommentieren. Facebook ist mittlerweile in 37 Sprachen verfügbar (Vgl. o.V. , 04.07.2011). Weltweit sind über 500 Millionen und deutschlandweit über 15 Millionen User angemeldet. Neben Privatpersonen können sich dort auch Firmen, Vereine und Organisationen anmelden (Vgl. o.V. , 04.07.2011), um dieses Netzwerk als Visitenkarte, Kommunikations- und Marketing-Plattform zu nutzen. Das Unternehmen Starbucks hat auf Facebook zum Beispiel knapp 24 Millionen Fans (Vgl. o.V. , 04.07.2011). Um erfolgreich in Netzwerken zu agieren empfiehlt es sich, sich zunächst bewusst zu werden, ob eine Präsenz auf Facebook und Co zur Unternehmenskultur passt und ob seine Zielgruppe dort anzutreffen ist. Als Grundvoraussetzung ist es unabdingbar mit den ausgewählten Usern im Netz in Echtzeit in einen Dialog zu treten und zudem auch Kritik zulassen zu können. Den verantwortlichen Mitarbeitern, welche den jeweiligen Account des Unternehmens pflegen, sollten Richtlinien mitgegeben werden. Diese Richtlinien können in der Governance oder Policies festgehalten werden und geben somit dem Handlungsrahmen vor. Sie müssen geschult werden, welche Verhaltensweisen gegenüber der Öffentlichkeit gezeigt werden dürfen und wie sie das Unternehmen bestmöglich im Sinne der eigenen Corporate Identity präsentieren können (Höflichkeit, Betriebsgeheimnisse wahren, Umgang mit Beschwerden,etc.). Wichtig zu beachten ist zudem, dass sich niemals öffentlich negativ über Mitbewerber ausgetauscht werden darf, denn unlauterer Wettbewerb ist in Deutschland verboten (Vgl. Kroker , 04.07.2011). Im Allgemeinen sollen alle Mitarbeiter auch bei der Nutzung ihres privaten Accounts darauf achten die Gaststätte, für welche sie arbeiten, nicht negativ hinzustellen (z.B. Aussagen über Gäste, Umsätze und neue Pläne). Im Rahmen der Möglichkeiten Facebook als Instrument zur Kundenbindung zu nutzen, bieten sich mehrere Varianten. Mit Hilfe von Gewinnspielen, Wettbewerben und der Freigabe von besonderen exklusiven Informationen werden Kunden dort gebunden. Insbesondere bei Gewinnspielen müssen sich die Unternehmen die Richtlinien für Promotions, welche das Netzwerk fordert, berücksichtigt werden (Vgl. o.V. , 04.07.2011). Ab 25 Fans kann ein Unternehmen seine eigene Facebook URL definieren: www.facebook.de/ Wunschname. Dieses ist für das Branding, die Marke des Unternehmens relevant und kann auf diesem Wege die Suchmaschinenoptimierung erhöhen (Vgl. o.V. , 04.07.2011). Durch hochgeladene Bilder von beispielsweise neuen Produkten und das Firmenprofilbild bekommt das Unternehmen ein Gesicht und eine persönliche Note. Für Unternehmen ist es von Vorteil auch seine Mitarbeiter vorzustellen (Foto, Tätigkeit), um die Kundenbeziehung zu fördern und um aus einer Anonymität herauszutreten und Distanz abzubauen. Zudem können über Fb Hyperlinks eingebunden werden und die Aktivitäten können mit anderen Netzwerken verbunden werden (z.B. Youtube, Twitter, Xing). Auf diesem Wege können noch mehr Informationen über das Unternehmen und seine Interessen und Aktivitäten preisgegeben werden. Durch den direkten Dialog über diese Medien mit den Fans kann Vertrauen in Echtzeit aufgebaut werden. Die Fans können sich mit dem Unternehmen austauschen und mit deren Produkten und Ansichten identifizieren. Restaurants können ihren treuen Folgern als Dank Rezeptvorschläge, über das Gericht des Monats oder Tipps und Tricks beim Kochen verraten. Die Bekanntheit eines Unternehmens kann über Netzwerke wie Fb gesteigert werden und potentielle und aktuelle Kunden können gebunden werden. Die positiven Kommentare und Bewertungen durch „Gefällt mir-Klicks" haben einen großen Einfluss auf die Kaufentscheidungen von anderen Menschen und sorgen indirekt für eine positive Mund-zu-Mund-Propaganda. Das virale Marketing lebt davon, dass mit geringem Budget eine hohe Verbreitung einer Message durch außergewöhnliche Aktionen geleistet wird. Nach dem Schneeballprinzip empfehlen Menschen ihren Freunden und Bekannten einen Content und diese wieder ihren Freunden und Bekannten (Vgl. Vassilian , 28.08.2011). Die Fastfoodkette Burger King hatte über Facebook diesbezüglich die Kampagne „Whopper sacrifice" gestartet. Für zehn Freunde, die man über eine Facebook Anwendung gelöscht hat, hat man einen Coupon für einen Whopper erhalten. Unter dem Slogan „You like your friends but you love the Whopper" lief diese Aktion und fand großen Anklang. Allein in der ersten Woche wurden über 200000 Freunde öffentlich gelöscht (Vgl. o.V. , 04.06.2011). Virtuelle Freundschaften und Verbindungen sollten regelmäßig gepflegt werden. Auf Anfragen empfiehlt es sich schnell zu reagieren, um eine Kommunikation aufrecht zu erhalten. Weiter können über Facebook wichtige Termine zu Veranstaltungen und Aktionen gezielt bekannt gegeben werden (Vgl. Baltner und Holtmann, 04.07.2011). Jedoch muss auch hier genau gearbeitet werden. Erst jüngst sorgte das fehlerhafte Agieren einer 16-jährigen Schülerin innerhalb dieses Netzwerkes für Schlagzeilen im Rahmen verschickter Einladungen für eine Geburtstagfeier über Facebook. Leider hatte die Schülerin aus Versehen den Vermerk „Privat" übersehen. Letztlich kamen 1600 User zu der angegebenen Adresse, es kam zu Ausschreitungen und die Polizei musste hinzugezogen werden (Vgl. o.V. , 04.07.2011). Facebook ist als Chance anzusehen, jedoch sollte eine Unternehmenspräsenz dort wohl überlegt angegangen werden. Es ist ratsam sich strategische Ziele zu setzten: Wie viele Kommentare oder Fans wünsche ich mir? Wie werde ich vorgehen? Die Facebook Community lebt mit ihren Mitgliedern und wenn sich diese Community einmal öffentlich gegen einen stellt, dann sollte man sich geschickt rechtfertigen. Schlechte Erfahrungen diesbezüglich musste die Firma Nestle im letzten Jahr bei Fb sammeln. Aufgrund des Palmölskandals haben Greenpeaceaktivisten eine Kampagne gegen Nestle gestartet. Das Logo des Schokoriegels Kitkat wurde in Killer geändert und über das Netzwerk in diversen Profilen gepostet. Es ist zu erwähnen, dass im Rahmen des Palmölskandals der Vorwurf darin lag, dass für das Öl die Regenwälder abgeholzt werden, welche wiederrum die Heimat für die bedrohten Orang-Utans darstellen. Viele User haben sich stark negativ auf der Facebookseite von Nestle geäußert und zum Boykott der Firma aufgerufen, was zu einer Verschlechterung der Reputation und letztlich zu Umsatzeinbußen geführt hat (Vgl. Hillenbrand , 04.07,2011).

5.3 Twitter

Twitter ist ein Mikroblogging-Service im Internet. Weltweit nutzen 88 Millionen und deutschlandweit knapp drei Millionen Menschen diesen Service (Vgl. Heymann-Reder 2011, 29). Die User können sogenannte Tweets, sprich Kurznachrichten mit bis zu 140 Zeichen veröffentlichen (Vgl. Heymann-Reder 2011, 127). Um twittern zu können muss der User sein Benutzerkonto erstellen. Es empfiehlt sich hierbei dem Firmennamen, bzw. den Namen der Gaststätte zu wählen. Zu beachten ist jedoch, dass dieser Benutzername von den 140 Zeichen abgezogen wird. Zwecks Personalisierung wird auch hier ein Profilbild hochgeladen. In der 160 Zeichen langen Kurzbiographie wäre es zu empfehlen aus Platzgründen einen Link zur Website des Restaurants einzufügen. Dieser Link kann verkürzt verwendet werden z.B. als bit.ly. Bei Twitter sind alle Nachrichten öffentlich und können von jedem gelesen werden. Es gibt die Möglichkeit Direktnachrichten und Antworten auf Tweets zu versenden. Zudem können Tweets retweetet werden, sprich Tweets von anderen Menschen werden weiterverbreitet. Weiter können durch Hashtags Stichwörter durch ein vorangestelltes Routezeichen leichter auffindbar gemacht werden. Um zu lernen wie man sich bei Twitter verhält und erfolgreich agiert, kann man anderen Personen folgen. Auf diesem Wege wird ein Netzwerk aufgebaut. Der nächste Schritt bedeutet User zu finden, die einem selbst folgen möchten. Durch interessante, aktuelle Beiträge gewinnt man das Interesse anderer Mitglieder und man kann sein Netzwerk vergrößern und kommunizieren. Zwecks Kundenbindung werden gerne Informationen über neue Produkte getwittert, jedoch aber auch witzige Beiträge, Veränderungen im Unternehmen und auch Aktuelles aus der Branche, sowie die Weitergabe von Expertisen. Es empfiehlt sich sein Unternehmen nicht zu aggressiv zu bewerben, sondern dem Leser für sein Folgen auch mit anderen Beiträgen zu belohnen. Zudem kann im Bereich B2B durch einen Austausch früh Trends aufgespürt werden und über Neuigkeiten ausgetauscht werden (Vgl. Heymann-Reder 2011, 128). Viele Unternehmen nutzen Twitter, um ihren Kunden auf diesem Wege einen besonderen Kundendienst zu leisten und somit ihre Reputation zu steigern bei einer zügigen Beantwortung von Anfragen über dieses Netzwerk. Besonders erfolgreich auf dem Gebiet des deutschen Kundenservices sind Lufthansa mit knapp 40000 Followern und das Versandhaus Otto, welches in der Regel dreimal pro Tag Meldungen verbreitet und zur Umsatzstarken Weihnachtszeit bis zu 30 mal täglich (Vgl. Pahrmann 2011, 151). Aktuelle Themen werden in Echtzeit angebracht. Durch das Erdbeben in Haiti konnten viele Menschen Anteil nehmen an den teilweise sehr schockierenden Meldungen. Viele Menschen waren jüngst über den Ehec Erreger verunsichert. Zeitweise wurde vermutet, dass diverse Gemüsesorten den Erreger übertragen. Gaststätten könnten im eigenen Interesse neueste Erkenntnisse über solche Thematiken insbesondere an seine Follower weitergeben (vgl. Pahrmann 2011, 143). Im Gaststättengewerbe kann auf diesem Wege dieses Medium genutzt werden, um seinen Gästen Fragen zu beantworten und Diskussionen anzuregen. Es können zudem auf diese Art Informationen über Produkte und Dienstleistungen erlangt werden. Was denke Sie über unser neues Produkt? (vgl. Pahrmann 2011, 160f).

5.4 Mobile Applications

Mobile Applications gewinnen als Instrument des B2C Dialogmarketings immer mehr an Bedeutung. Als Applications werden Anwendungen für meist mobile Endgeräte verstanden, welche kostenlos oder gegen ein Entgelt via Download aus dem Internet auf einem Endgerät installiert werden können (Vgl. Wagner , Stand:20.06.2011). Da Kunden auf diesem Wege überall und zu jeder Zeit mobil erreicht werden, steigen mobile Apps für viele Unternehmen in ihrer Attraktivität. Laut der Studie „Digital Predictions 2011" sind Apps zukunftsweisend, da sie sich durch eine einfache Umsetzung kennzeichnen und die Verbraucherinteraktion sich gut nachvollziehen lässt (Vgl. o.V., 20.06.2011). Verstärkt wird das große Interesse der Kunden an Apps durch die steigende Beliebtheit an Smartphones und Tablett PCs. Laut der Bitcom wird eine 39 prozentige Steigerung des Verkaufsergebnisses an Smartphones im Jahr 2010 (7,2 Millionen Stück) für das laufende Geschäftsjahr 2011 prognostiziert (>10 Millionen Stück) (Vgl. o.V., 16.07.2011). Weiter berichtet dieser Hightech-Verband, dass allein in Deutschland im Jahr 2010 900 Millionen Apps auf Mobiltelefone gedownloaded wurden, welches eine 112 % Steigerung zum Vorjahresergebnis darstellt (Vgl. o.V. , 21.06.2011). Der weltweite Verkauf an Tablet PCs werde bis einschließlich 2012 auf eine 70,8 % Steigerung geschätzt, was mehr als eine Vervierfachung der heutigen Veräußerungswerte darstellt (Vgl. o.V., 26.06.2011). Sofern ein Unternehmen sich für mobile Apps entschieden hat, steht es vor der Entscheidung wer die gewünschte App entwickelt. Vielen Unternehmen fehlt es an dem nötigen Knowhow für die Realisierung einer solchen Anwendung und es werden externe Firmen hinzugezogen. Das Unternehmen „Excelsis business technology AG" bietet beispielsweise den Service der App-Entwicklung an. Für diverse Plattformen werden unterschiedliche Services und Module diesbezüglich angeboten. Von der Strategie, über Design und Prototyp, bis hin zum Support, Updates und Reports können die Dienstleistungen auf die Bedürfnisse und die Größe des Unternehmens zugeschnitten und ausgewählt werden. Die Kosten belaufen sich ab 1000 € bei einer einfachen Anwendung bis in die Hunderttausende € bei aufwendigen Apps. Laut diesem Unternehmen werden die regelmäßigen Pflege und Wartungsarbeiten mit einem Betrag von durchschnittlich 15-25 % der Entwicklungskosten pro Jahr geschätzt. Die jeweiligen gewählten Zielplattformen stellen weitere Kostentreiber dar (Vgl. o.V. 01.07.2011 und Sauter, 03.07.2011). Die Firma Apple bezieht beispielsweise 30 % der Umsatzerlöse als Provision bei kostenpflichtigen Apps (Vgl. o.V. , 04.07.2011). Als Chancen der mobilen Apps als Instrument des Dialogmarketings können neben der räumlichen und zeitlichen Unabhängigkeit, auch die hohe

Reichweite durch diese neue Technologie als Dialogtreiber genannt werden (Vgl. Vögele, 2010, 16 und 99). Unternehmen haben nun die Chance eine Vorreiterposition einzunehmen, innovativ und trendbewusst ihre Kunden über einen weiteren Kanal zu begeistern, ihre Produkte zu veräußern und Kundenbindung zu erzeugen (Vgl. Meyer-Gossner , 18.06.2011). Durch crossmediale Kampagnen können Kunden auch über Apps erreicht werden, wodurch Unternehmen Synergieeffekte auszunutzen und ihre Responsequote erhöhen können (Vgl., o.V. , 06.07.2011). Mobile Apps sind in der Regel fokussiert und bieten zielgerichtet Informationen und Funktionen bezogen auf das bestehende Angebot an, welche für den Endbenutzer relevant sind (Vgl. o.V. , 05.07.2011). Bezüglich der Risiken bei der Entwicklung von Apps stehen die Kosten für die Entwicklung, Pflege und Wartung wie oben bereits erläutert im Vordergrund. In der Realisierungsphase sind die Plattformen zu wählen, wobei auch im Rahmen von langfristiger Kundenbindung durch kontinuierlichen Dialog die Fluktuation durch den Kunden zu beachten ist, falls die Endgerätbenutzer den Smartphoneanbieter wechseln und somit ein Dialog unterbrochen werden kann (Vgl. o.V. , 05.07.2011). 24 Stunden Service bedeutet, dass ein Unternehmen auch, um einen Dialog aufzubauen, zügig auf Anfragen reagiert und richtige Ansprechpartner zur Verfügung stellen muss (Vgl. o.V. , 06.07.2011). Mangelnder Datenschutz und ein ungewollter Verlust an Privatsphäre werden auch im Zusammenhang mit mobilen Anwendungen in der Presse diskutiert. Viele Endbenutzer sind misstrauisch und geben online ungern ihre Anonymität auf (Vgl. o.V. , 06.07.2011). Personenbezogene Daten sind für das Dialogmarketing jedoch essentiell, je mehr Unternehmen von Ihren Kunden wissen desto besser können sie auf ihre Bedürfnisse eingehen (Vgl. Efrati et al. , 04.07.2011 und Niemann , 04.07.2010).

Über mobile Apps können beispielsweise Hotline Telefonnummern optimal platziert, Couponaktionen gestartet, Umfragen geführt oder via GPS dem Kunden der Weg in die nächstgelegene Filiale aufgezeigt und personalisierte Angebote unterbreitet werden. Bei den Location based Services (Standortbezogene Dienste) können Apps wie die von foursqure genutzt werden (Quelle). App Hersteller sind in der Umsetzung der Maßnahmen kaum technische Grenzen gesetzt und sind gerne bereit auf die individuellen Wünsche der Unternehmen einzugehen. Durch moderne Techniken wie beispielsweise augmented reality (Integrierung von virtuellen Objekten in die reale Umwelt), push notifications (Benachrichtigungen via Pop up oder Geräusch auch bei nichtgeöffneter Anwendung) oder auch durch die Scannung von QR Codes (Zweidimensionale Codes mit horizontalen und vertikalen Informationen) können durch mobile apps Dialogmarketingmaßnahmen optimal umgesetzt werden (Vgl. Teske, 08.07.2011).

6 Planung und Durchführung einer Primärstudie

6.1 Konzeption und Ziele der Studie

Im Zeitraum von dem 02. August 2011 bis einschließlich 12. August 2011 wurde die Primärstudie im Rahmen dieser Ausarbeitung durchgeführt. Der Fragebogen beinhaltet neben einer kurzen Einführung und Erläuterung für die Personen, welche an der Umfrage teilgenommen haben, 15 geschlossene Fragen zu dem Thema „Kundenbindungsstrategien im Gaststättengewerbe". Erstellt wurde der Bogen werbefrei auf der Homepage www.q-set.de. Die genannten klassischen und modernen Kundenbindungsstrategien wurden dort aufgeführt und standen via Selektion zur Auswahl. Sofern eine Maßnahme ergriffen wurde, wurde von den Teilnehmern dieser Umfrage im Anschluss diese Maßnahme durch Auswahl näher begründet. Bezüglich der optischen und strukturierten Aufwertung wurden die gestellten Möglichkeiten von q-set genutzt. Als Anreiz für die Teilnehmer konnte bei Bedarf am Ende der Umfrage die jeweilige E-Mailadresse hinterlassen werden und der Teilnehmer hat die Ergebnisse nach Abschluss der Studie für seine Zwecke erhalten. Bevor die Umfrage auf dieser Homepage freigeschaltet wurde, wurde ein Pretest durchgeführt. Fünf Personen, welche in der Gastronomie tätig sind, haben auf der Homepage q-set.de den Fragebogen vorab getestet. Der Fragebogen wurde im Rahmen der Veröffentlichung auf der q-set.de Homepage zur Beantwortung unter Abwesenheit der Erhebungsperson freigegeben. Weiter wurde der Link, welcher zur Umfrage führte bei Twitter und Facebook zielgruppengerecht gepostet. Außerdem wurde via E-Mail der Hyperlink an diverse Gaststätten deutschlandweit nach dem Zufallsprinzip versandt. Hierbei wurden auf der Homepage klicktel.de die Gaststätten nach Städten herausgefiltert und über die Seite angeschrieben.

Mithilfe dieser Primärstudie sollen die gewählten Kundenbindungsstrategien erkannt werden. Die Begründungen der jeweiligen Wahl sollen zudem herausgebildet werden. Somit kann durch diese repräsentative Umfrage die Frage der beliebtesten aufgeführten Strategien zur Kundenbindung im Gaststättengewebe beantwortet werden. Es gilt zu erfahren, ob nach der gewählten Klassifizierung die klassischen den modernen Anwendungen bevorzugt werden oder anders herum. Als dritte Möglichkeit kann auch eine Kombination aus beidem als Favorit resultieren. Neben der theoretischen Grundlage, welche bezüglich der Strategien innerhalb dieser Ausarbeitung zuvor geboten wurde, gilt es dieses auf dem neuesten Stand der Wissenschaft von Versuchspersonen aus der Praxis objektiv zu begründen.

Der Fragenbogen kann dem Anhang entnommen werden.

6.2 Ergebnisse der Studie

Laut Auswertungsprotokoll von q-set.de haben 208 Personen den Fragenbogen vollständig beantwortet. Zwei Personen haben den Fragebogen begonnen aber nicht zu Ende beantwortet. Von 456 Personen wurde der Fragebogen aufgerufen blieb jedoch ohne jegliche Beantwortung. Die Anzahl der Personen, welche der Hyperlink erreicht hat, welche den Hyperlink jedoch nicht betätigt haben, kann nicht festgelgt werden, da durch die Übermittlung via Twitter und Facebook keine genauen Angaben vorliegen.

Im folgendem werden die am meisten selektierten Ergebnisse der Pflichtfragen und die Ergänzungen durch die Zusatzfragen aufgeführt.

87 % der Versuchspersonen legen Wert auf einen festen Mitarbeiterstamm, um ihre Gäste an ihre Gaststätte zu binden. Somit sehen die meisten der befragten Gaststättenbetreibenden einen Zusammenhang zwischen motivierten Personal und der Kundenzufriedenheit und Kundenbindung. Dem folgenden Balkendiagramm können die Ergebnisse der gewählten Maßnahmen zur Motivation der Mitarbeiter im Verhältnis entnommen werden.

Gewählte Maßnahmen um seine Mitarbeiter zu motivieren

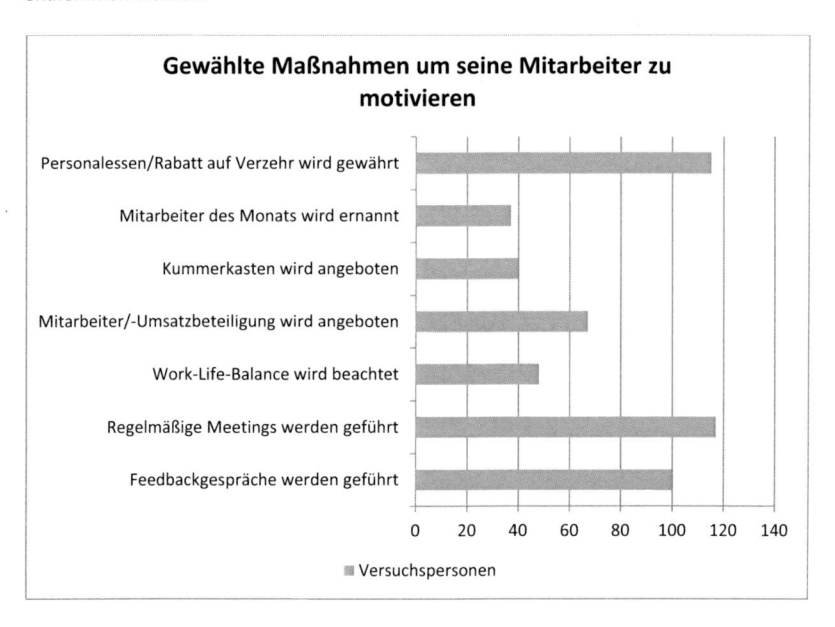

Maßnahme	Versuchspersonen
Personalessen/Rabatt auf Verzehr wird gewährt	~120
Mitarbeiter des Monats wird ernannt	~35
Kummerkasten wird angeboten	~40
Mitarbeiter/-Umsatzbeteiligung wird angeboten	~65
Work-Life-Balance wird beachtet	~45
Regelmäßige Meetings werden geführt	~120
Feedbackgespräche werden geführt	~100

Abb.1 Gewählte Maßnahmen, um seine Mitarbeiter zu motivieren

Es resultiert, dass regelmäßige Meetings und Feedbackgespräche als Maßnahme des direkten Dialogs face to face genutzt werden, um die jeweiligen Mitarbeiter zu motivieren. Weiter gehört das Gewähren von Personalessen / Rabatt auf Verzehr zu beliebten Maßnahmen. Die Mitarbeiter- und Umsatzbeteiligung befindet sich im Mittelfeld. Daher lässt sich zu diesem Zeitpunkt weder ein Für oder Gegen die genannte Theorie von Herzberg belegen. Weniger Erfolg versprechen sich die Versuchspersonen durch die Ernennung eines Mitarbeiter des Monats und dem Kummerkasten. Die Angst vor Neidern und folglich einer Verschlechterung des Teamworks könnte somit innerhalb dieser Umfrage begründet sein.

83 % der befragten Personen legen Wert auf ein professionelles Beschwerdemanagement, um ihre Gäste an ihre Gaststätte zu binden. Somit lässt sich auch hier der Zusammenhang von einem Beschwerdemanagement und nachhaltiger Kundenbindung begründen.

Gewählte Maßnahmen beim Beschwerdemanagement

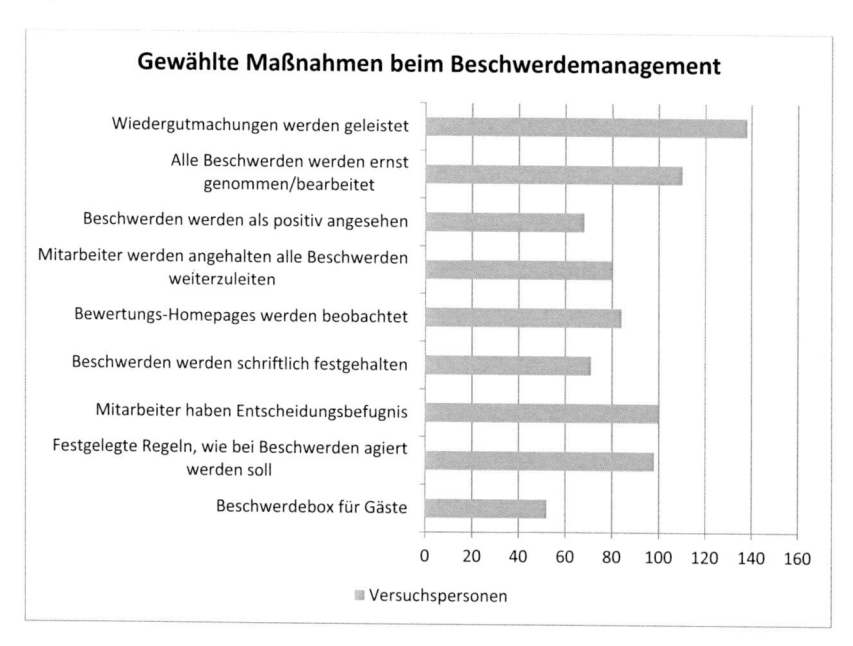

Maßnahme	Versuchspersonen
Wiedergutmachungen werden geleistet	~140
Alle Beschwerden werden ernst genommen/bearbeitet	~110
Beschwerden werden als positiv angesehen	~65
Mitarbeiter werden angehalten alle Beschwerden weiterzuleiten	~80
Bewertungs-Homepages werden beobachtet	~85
Beschwerden werden schriftlich festgehalten	~70
Mitarbeiter haben Entscheidungsbefugnis	~100
Festgelegte Regeln, wie bei Beschwerden agiert werden soll	~95
Beschwerdebox für Gäste	~50

Abb.2 Gewählte Maßnahmen beim Beschwerdemanagement

Insbesondere Wiedergutmachungen, sprich Aufmerksamkeiten im angemessenen Verhältnis, werden bei Beschwerden geleistet, um den Gast milde zu stimmen. Erfreulich zu bemerken ist, dass knapp 110 von den 172 Personen, welche sich für ein Beschwerdemanagement aussprechen, alle Beschwerden ernst nehmen und eine weitere Bearbeitung sicherstellen. Wie bereits angemerkt können auf diesem Wege Gäste gehalten werden, sofern die Beschwerden schnell bearbeitet werden. Laut Umfrageergebnis räumen viele Gaststätten als dritte Priorität ihren Mitarbeitern Entscheidungsbefugnis unter Einhaltung bestimmter Regeln (Vierte Priorität) ein. Ein umgehendes Handeln kann viele Probleme umgehend lösen. Insbesondere in Anbetracht der Wiedergutmachungen, kann bei kleineren Mängeln umgehend ein Kaffee auf das Haus gereicht werden. Lediglich knapp 50 Personen sprechen sich für eine Beschwerdebox aus. Dies kann durch eine vermutete mangelnde Teilnahme begründet sein aber auch dadurch, dass Beschwerden lieber verbal angesprochen und gelöst werden sollen.

44 % der Versuchspersonen nutzen Kundenkarten, um Gäste an ihre Gaststätte zu binden. Somit halten weniger als die Hälfte dies für eine bewährte Maßnahme zur Kundenbindung für ihre Gaststätte.

Gewählte Funktionen bei Kundenkarten

- Treuefunktion
- Prestigefunktion
- Kommunikationsfunktion
- Rabattfunktion
- Bonusfunktion
- Zahlungsfunktion
- Erinnerungsfunktion
- Ausweis-/Identifikationsfunktion

■ Versuchspersonen

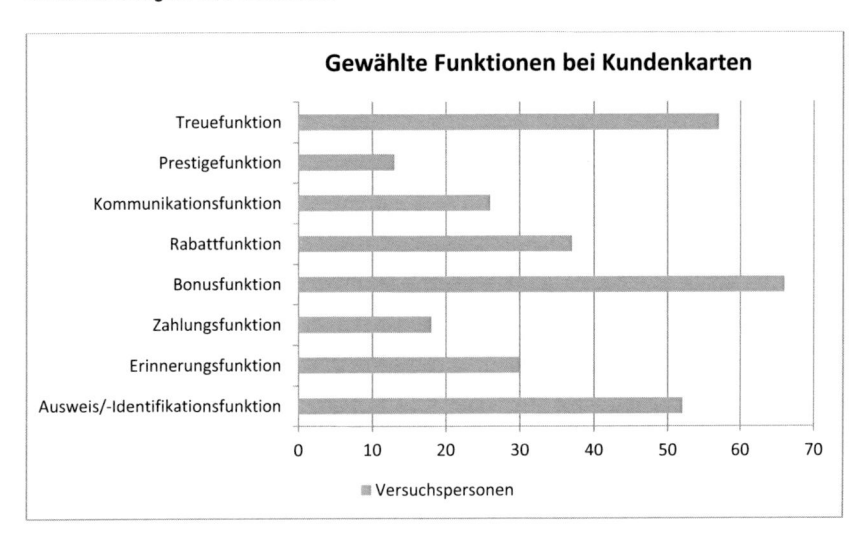

Abb.3 Gewählte Funktionen bei Kundenkarten

Bei den 91 Personen, welche Kundenkarten nutzen, wird die Bonusfunktion einer solchen Kundenkarte priorisiert. Der Kunde wird ganz im Sinne seiner Definition in Anlehnung an die zweite Priorisierung dem Ziel der Treuefunktion, für seine Treue nach einer zuvor festgelegten Anzahl an Besuchen oder Käufen mit einem Bonus belohnt. Die weiter starke Tendenz zur Ausweis / -Identifikationsfunktion bezeugt das Interesse an der Adressierbarkeit der Gäste. Die Prestige- und Zahlungsfunktion findet jedoch weniger Begeisterung bei den Teilnehmern dieser Umfrage. Diese Funktion scheint bei den Gästen der Häuser weniger Interesse hervorrufen. Zudem ist es für kleinere Gaststätten eventuell nicht rentabel Plastikkarten mit Zahlungsfunktion für die Gäste erstellen zu lassen.

52 % der Versuchspersonen nutzen Coupons, um ihre Gäste an ihre Gaststätte zu binden. Knapp die Hälfte der Befragten spricht sich für diese klassische Möglichkeit der Kundenbindung aus.

Gewählte Maßnahmen und Ziele bei Coupons

- Differenzierung von Mitbewerbern
- Auslastungsschwache Zeiten überbrücken
- Künftige Stammgäste gewinnen
- Zusatzverkäufe sollen angekurbelt werden
- E-Couponaktionen
- Coupons in den Printmedien
- Coupons im Gutscheinbuch

■ Versuchspersonen

Abb. 4 Gewählte Maßnahmen und Ziele bei Coupons

Das Gutscheinbuchs ist bei Gaststättenbetreibenden sehr beliebt (Vgl. o.V. , 29.08.2011), denn diese Art seine Coupons zu vertreiben ist ungefähr ein Drittel beliebter als das Couponing über Printmedien wie die lokale Tageszeitung. Das Gutscheinbuch wurde erstmals 2002 herausgegeben und gilt heute bei den Coupons als Marktführer. Bereits 12 Millionen Gutscheinbücher wurden bereits gedruckt (Vgl. o.V. , 29.08.2011). Neben der Gewinnung von Stammgästen möchten 65 Personen von den 108 Personen, welche Couponaktionen durchführen, auf diesem Wege auslastungsschwache Zeiten überbrücken. Somit erhoffen sich viele Gaststättenbetreibende durch die Gewährung von Coupons ihre „Kassen zu füllen". Dies geschieht in erster Linie aus Kundenbindungsgründen, da die Wahl der Zusatzverkäufe selten selektiert wurde. Wie im vorangegangenen Text bereits angemerkt können auch im Rahmen von Gutscheinbüchern die Zeiten für die Einlösung solcher Coupons angegeben werden. Obwohl das Gutscheinbuch mittlerweile auch online und mobile Coupons anbietet, ist diese Variante des Couponings recht unbeliebt.

51 % der Versuchspersonen nutzen ein Unternehmensprofil bei Facebook, um ihre Gäste an ihre Gaststätte zu binden. Daher ist bereits die Hälfte der Gaststätten von dieser modernen Maßnahme zur Kundenbindung begeistert und nutzt dieses aktiv. Laut Statistik belegt Deutschland unter den am meisten wachsenden Ländern bei den Usern bei Facebook Platz 12. Im Mai 2011 konnte eine 2,68 prozentige Steigerung verbucht werden (Vgl. o.V., 22.08.2011).

Gewählte Maßnahmen und Ziele bei Facebook

Maßnahme	Versuchspersonen
Virale Marketingaktionen werden durchgeführt	~25
Aktuelle Produkte / Angebote zur Bewertung freigeben	~55
Hyperlinks werden eingefügt	~40
Fotos / Videos werden hochgeladen	~65
Besondere Informationen werden gegeben	~50
Individuelle Informationen wetrden gegeben	~75
Gewinnspiele werden durchgeführt	~40
Diskussionen werden angeregt	~50
Professionelles Profilbild hochgeladen	~85
Profil wird regelmäßig gepflegt	~70

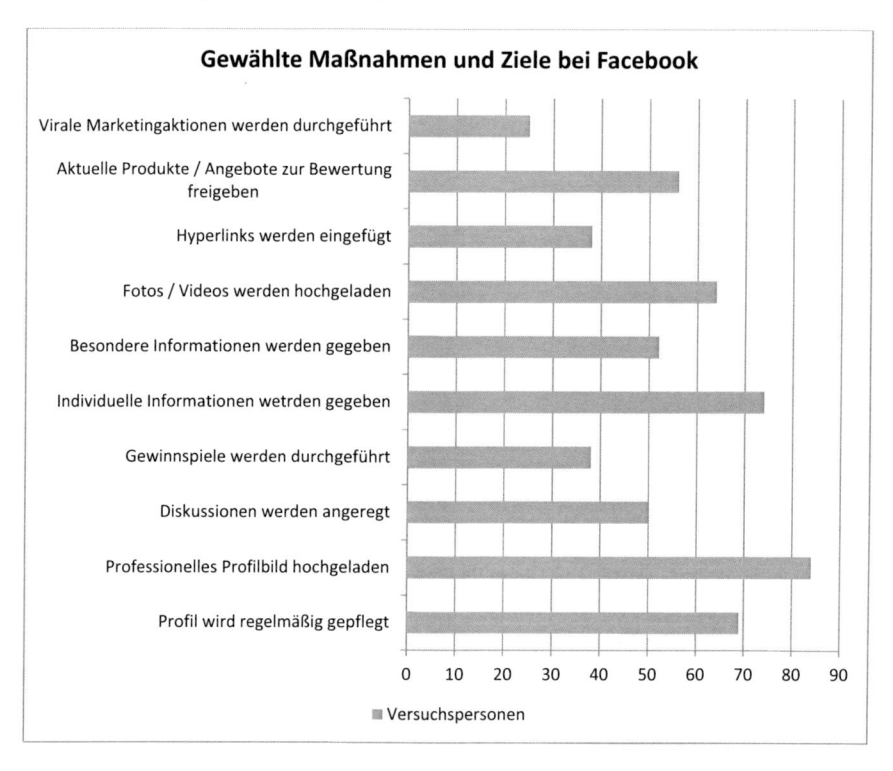

Abb. 5 Gewählte Maßnahmen und Ziele bei Facebook

Insbesondere das professionelle Profilbild, welches hochgeladen wurde, individuelle Informationen zum Unternehmen, welche gegeben werden und Fotos und Videos, welche hochgeladen werden und die regelmäßige Pflege gehören zu den Favoriten. Wie bereits dargestellt, sind dies gängige Maßnahmen, welche gerne ergriffen werden. Da die Erstellung eines Unternehmensprofils sich nicht stark von dem eines privaten Users unterscheidet, ist die Erstellung für Facebook-Erfahrene leicht umzusetzen. Virale Marketingaktionen werden zur Kundenbindung wenig genutzt. Unter Umständen fehlen, den Personen die Ideen für solche Aktionen oder sie befürchten, dass solche Aktionen auch das Gegenteil hervorrufen können. Als Beispiel für negative Folgen für ein virales Video gilt die Werbung der Automarke Ford Ka, bei der eine Katze beim Schließen des Schiebefensters der Kopf abgeschnitten wird (Vgl. o.V. , 28.08.2011).

Lediglich 13 % der befragten Personen über q-set.de nutzen einen Account bei Twitter, um ihre Gäste an ihre Gaststätte zu binden. Diese Möglichkeit zur Kundenbindung ist zusammen mit den mobile Apps mit Abstand die unbeliebteste Möglichkeit seine Gäste zu binden. Obwohl Facebook fast doppelt so viel User als Twitter hat, verfolgen bei Twitter lediglich 25 % eine Marke im Vergleich zu Facebook mit 40 % (Stand: Dezember 2010). Begründet wird diese Aussage dadurch, dass Twitter nicht so persönlich wie Facebook sei. Zudem sind viele Marken auf Twitter nicht aktiv. Weiter sind manche Marken unbekannt oder unbeliebt und werden daher bei Twitter noch weniger beachtet, da keine Interessenten vorhanden sind (Vgl. o.V., 20.08.2011).

Gewählte Maßnahmen und Ziele bei Twitter

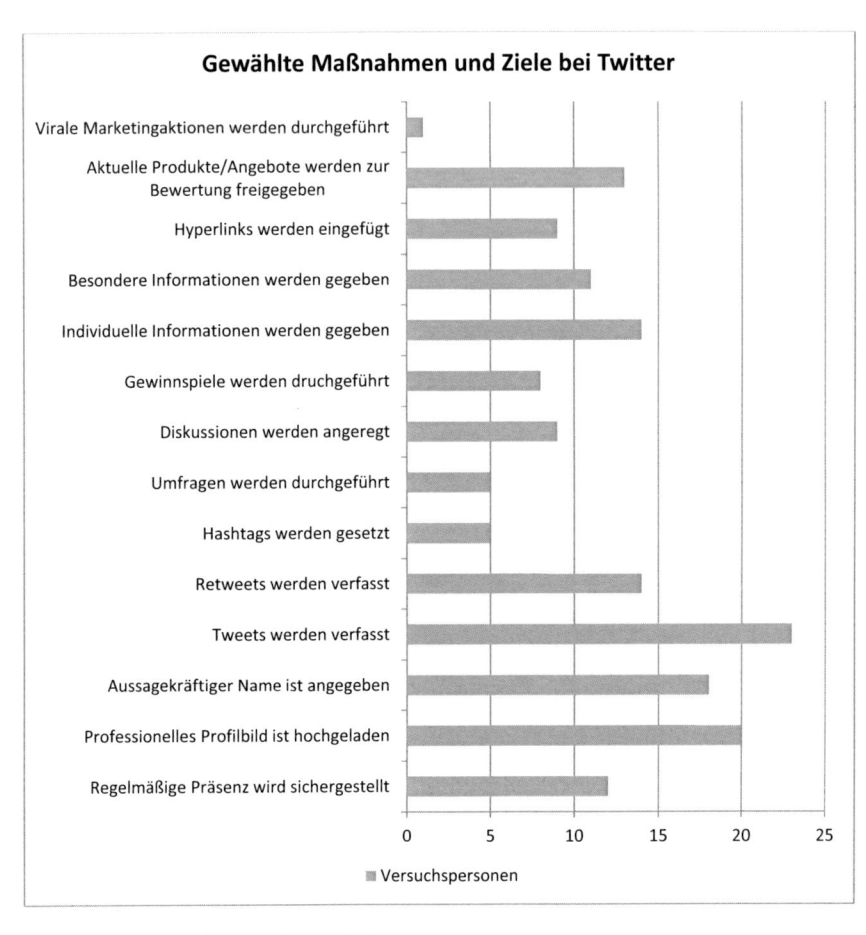

Maßnahme	Versuchspersonen (ca.)
Virale Marketingaktionen werden durchgeführt	1
Aktuelle Produkte/Angebote werden zur Bewertung freigegeben	13
Hyperlinks werden eingefügt	9
Besondere Informationen werden gegeben	11
Individuelle Informationen werden gegeben	14
Gewinnspiele werden durchgeführt	8
Diskussionen werden angeregt	9
Umfragen werden durchgeführt	5
Hashtags werden gesetzt	5
Retweets werden verfasst	14
Tweets werden verfasst	23
Aussagekräftiger Name ist angegeben	18
Professionelles Profilbild ist hochgeladen	20
Regelmäßige Präsenz wird sichergestellt	12

Abb. 6 Gewählte Maßnahmen und Ziele bei Twitter

Wie bereits vermuten lässt werden gerne Tweets gesendet und ebenso wie bei Facebook ist auch hier ein professionelles Profilbild beliebt und individuelle vor besonderen Informationen werden gegeben. Es ist zu bemerken, dass auch hier die viralen Marketingaktionen das Schlussbild darstellen.

26 Personen (13%) nutzen mobile Apps, um ihre Gäste an ihre Gaststätte zu binden.

Gewählte Maßnahmen und Ziele bei mobile Apps

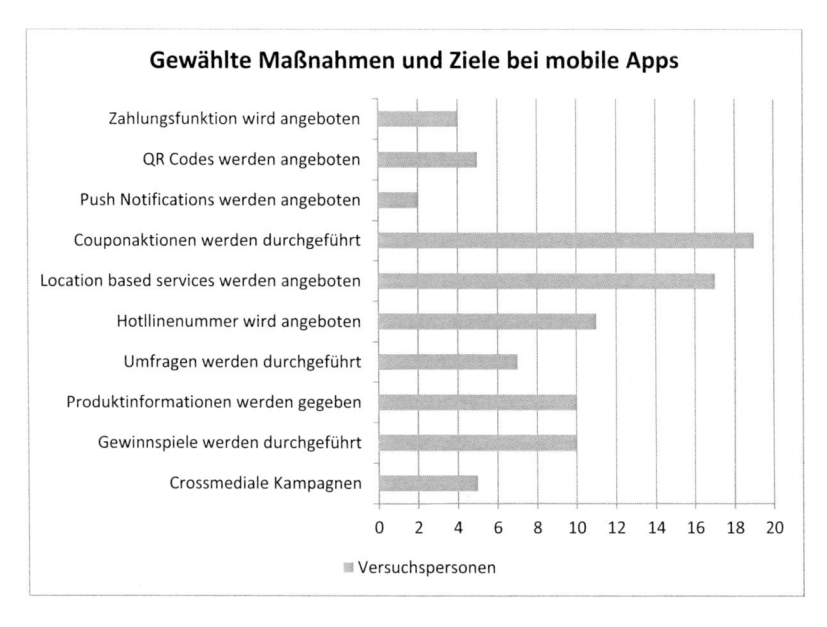

(Balkendiagramm mit Versuchspersonen auf der X-Achse von 0 bis 20)

- Zahlungsfunktion wird angeboten
- QR Codes werden angeboten
- Push Notifications werden angeboten
- Couponaktionen werden durchgeführt
- Location based services werden angeboten
- Hotllinenummer wird angeboten
- Umfragen werden durchgeführt
- Produktinformationen werden gegeben
- Gewinnspiele werden durchgeführt
- Crossmediale Kampagnen

Abb. 7 Gewählte Maßnahmen und Ziele bei mobile Apps

Begründet werden kann das zurückhaltende Interesse an mobilen Apps aufgrund der entstehenden Kosten, welche durch die Erstellung und Implementierung einer Anwendung für ein Unternehmen entstehen. Wie das Ranking belegt sind Location based services und Couponaktionen, wie die über Groupon, sehr beliebt. Auch hier wird wieder das Interesse bei Coupons deutlich. Da hierfür nicht zwingend eine eigene Anwendung konstruiert werden muss und Kosten eingespart werden können. Interessant ist zudem, dass auch Interesse an modernen Maßnahmen, wie den QR Codes, gelegt wird. Firmen anderer Branchen arbeiten bereits seit geraumer Zeit erfolgreich damit. Beispielhaft hierfür ist das Möbelhaus IKEA, welche diese Codes bereits in vielen Ländern in ihren Katalogen und an den Verpackungen ihrer Produkte integriert hat (Vgl. Urban , 20.08.2011).

Folgende weitere Maßnahmen wurden von den Versuchspersonen selektiert und werden somit als Maßnahmen genutzt, um ihre Gäste an ihre Gaststätte zu binden.

Weitere gewählte Maßnahmen

- Lieferservice wird angeboten
- Bei Youtube werden Videos hochgeladen
- Newsletter wird verfasst
- An Events wird teilgenommen
- Bindung zu den kleinen Gästen wird aufgebaut
- Kundenkartei wird geführt
- Incentives werden geleistet
- E-Mails werden versendet
- Direct Mails werden verschickt
- SMS werden versendet

■ Versuchspersonen

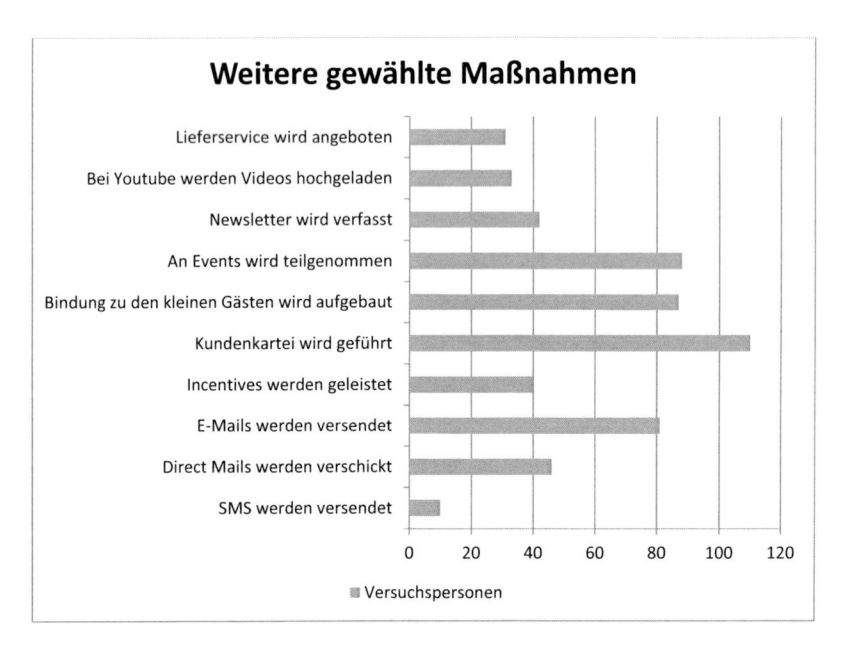

Abb. 8 Weitere Maßnahmen

Das Führen einer Kundenkartei ist erfreulicherweise im Ranking vorne angesiedelt. Die Adressierbarkeit und das Bemühen den Kunden zu verstehen und auf seine Bedürfnisse einzugehen spiegelt sich wider. Den Kunden zu begeistern und auch zu überraschen wird durch die Teilnahme an diversen Events realisiert.

Im Rahmen der Umfrage konnte festgestellt werden, dass sowohl die klassischen als auch die modernen Kundenbindungsstrategien in unterschiedlicher Gewichtung genutzt werden. Der Vergleich aller aufgeführten Maßnahmen ergibt folgendes Ranking:

1) Die weiteren Maßnahmen

2) Mitarbeitermotivation

3) Beschwerdemanagement

4) Coupons

5) Facebook

6) Kundenkarten

7) Twitter, Mobile Anwendungen

Dem Anhang kann eine tabellarische und prozentuale Auflistung der Ergebnisse entnommen werden.

7 Schlussbetrachtung

7.1 Zusammenfassung

Zusammenfassend ist zu sagen, dass die genannten klassischen und modernen Strategien eng mit dem Wandel verknüpft und Zielgruppenorientiert sind. Veränderungen wirken sich auf das Konsumenten- und Kaufverhalten aus. Geschaffene Kundenbindung ist durch die Mitbewerber im Markt schwer zu brechen. Grundsätzlich lässt sich festhalten, dass je mehr sich ein Unternehmen um seine Kunden bemüht ist und dessen Bedürfnissen nachkommt, desto eher wird sich dieses Unternehmen etablieren und mit nachhaltiger Kundentreue belohnt. Ob in der Realisierung klassische, moderne oder eine Kombination aus beidem gewählt wird ist stark Zielgruppenabhängig und hängt eng mit den verfügbaren Ressourcen zusammen. Die im Rahmen dieser Ausarbeitung durchgeführte empirische Studie hat ergeben, dass sowohl die klassischen, als auch die modernen Kundenbindungsstrategien im Gaststättengewerbe in unterschiedlicher Gewichtung genutzt werden. Das aufgestellte Ranking hat aufgezeigt, dass insbesondere die Mitarbeitermotivation, das Beschwerdemanagement sowie danach das Couponing und ein Unternehmensprofil bei Facebook sehr beliebt bei den befragten Gaststättenbetreibenden sind. Mobile Apps und Twitter sind als Maßnahmen zur Kundenbindung erfreuen sich einer geringeren Beliebtheit. Die Umfrage hat dem Leser einen repräsentativen Einblick über den derzeitigen Status Quo in Deutschland aufgezeigt. Durch die Veröffentlichung der Umfrage können Interessierte erfahren wie andere Gastronomen agieren und im Sinne von Benchmark ihr Kundenbindungsprogramm verfeinern. Offen bleibt zu analysieren aus welchen Gründen manche Gastronomen manche Maßnahmen im Detail im Rahmen ihrer Ressourcen und der Nachfrage ihrer Gäste nicht umsetzen. Die Ausarbeitung stellt die Basis für weitere Fragen und eröffnet neue Möglichkeiten, welche mithilfe einer umfangreichen Umfrage inklusive offener Fragen weiter analysiert werden kann und sollte.

7.2 Ausblick

Die Technik bietet den Menschen immer neue Möglichkeiten. Innovationen gelten als Motivator neue Dinge auszuprobieren. Es bleibt offen zu erwarten in welche Richtung sich die Kundenbindungsstrategien in der Zukunft entwickeln werden. Insbesondere das Web 2.0 mit seinen sozialen Netzwerken ist hierbei interessant. Die heutige Jugend, die Gäste von morgen, wachsen mit viel mehr technischem Knowhow auf und die Kommunikation verläuft immer mehr online und über elektronische Medien. Es gilt zu beobachten, ob das Interesse an Facebook wie prognostiziert weiter wachsen wird. Zudem können neue Netzwerke wie beispielsweise Google+ unter anderem künftig eine interessante Alternative bieten. Da die Bindung immer Zielgruppenorientiert ist, bleibt offen, ob sich bei einem Generationswechsel die Strategien den heranwachsenden Gästen anpasst und die klassischen Maßnahmen wie zum Beispiel das Couponing nur noch als E-couponing realisiert werden. Durch innovative Erfindungen im Rahmen von Paradigmenwechsel können den Gaststätten neue Möglichkeiten eröffnet werden, welche in dieser Ausarbeitung noch nicht aufgeführt und betrachtet wurden. Da die Kundenbindung im Gaststättengewerbe relativ unerforscht ist, würde es sich anbieten den aktuellen Status Quo im Detail zu analysieren. In welche Richtung sich auch immer die gewählten Maßnahmen entwickeln werden, hängt letztlich von den Gästen ab und ihren Vorstellungen von Servicequalität.

Quellenverzeichnis

- Baltner, U. / Holtmann, K., Facebook: 50 Tipps für Unternehmen - Einstieg, Gestaltung, Kommunikation, in: http://www.smo14.de/2010/09/10/facebook-50-tipps-fur-unternehmen-%E2%80%93-einstieg-gestaltung-kommunikation/, Stand: 04.07.2011
- Bender, H. / Manz, K. / Rößler, T. / Wilhelm, S. (2011), Individuelle Massenansprache, in: Der Handel, 19. Jahrgang, Heft 6, S. 56 – 59
- Bestmann, K. / Leyer, B. (2007), Servicequalität mit System, Kiel
- Bischof, S. (2004), Gerechtigkeit – Verantwortung – Gastfreundschaft, Freiburg Schweiz
- Bock, K. Wend, N. (2005): Erfolgsfaktor Gästeorientierung, Meßkirch
- Brückner, M. (2007): Beschwerdemanagement, 2. Auflage, Heidelberg
- Efrati, A., Thurm, S., Searcey, D., in: , http://online.wsj.com/article/SB10001424052748703806304576242923804770968.html , Stand: 04.07.2011
- Esch, F., Unique selling proposition (USP), in: http://wirtschaftslexikon.gabler.de/Definition/unique-selling-proposition-usp.html, Stand: 07.06.2011
- Esch, F., Bemusterung (weitergeleitet von Couponing), in: http://wirtschaftslexikon.gabler.de/Definition/bemusterung.html?referenceKeywordName=Couponing , Stand: 11.07.2011
- Fiedler, J., (2011) persönliches Gespräch mit der Besitzerin des Restaurant Fiedler ,Stand: 09.06.2011
- Grüner, H. / Kessler, T. / Metz, R. (2003): Restaurant und Gast, 8. Auflage, Haan-Gruiten
- Heckmann, R. / Wolf, K. (2008), Marketing für Hotellerie und Gastronomie: Erfolg durch marktorientierte Unternehmensführung, 7. Auflage, Stuttgart
- Heskett, J., Jones, T., Loveman, G., Sasser, W., Schlesinger, L., Putting the Service-Profit Chain to Work, in: http://hbr.org/2008/07/putting-the-service-profit-chain-to-work/ar/1, Stand: 29.06.2011

- Heyman-Reder, D. (2011): Social Media Marketing – Erfolgreiche Strategien für Sie und Ihr Unternehmen, München
- Hillenbrand, T., in: , Die Facebook Falle, in: http://www.spiegel.de/netzwelt/web/0,1518,688975,00.html , Stand: 04.07.2011
- Hinterhuber, H. / Matzler, K. (2009), Kundenorientierte Unternehmensführung, 6. Auflage, Wiesbaden
- Kirchgeorg, M., Value Added Services, in: http://wirtschaftslexikon.gabler.de/Definition/value-added-services.html , Stand: 20.06.2011
- Klingsporn, B., Krafft, M. (2007) Kundenkarten – Kundenkarten erfolgreich gestalten- , 1. Auflage, Düsseldorf
- Kressler, H. (2001) Leistungsbeurteilung und Anreizsysteme, Frankfurt / Wien
- Kreutzer, R. (2009), Praxisorientiertes Dialog - Marketing – Konzepte – Instrumente – Fallbeispiele, 1. Auflage, Wiesbaden
- Kroker, M., Wie Unternehmen auf Facebook & Co um Kunden buhlen, in: http://www.wiwo.de/management-erfolg/wie-unternehmen-auf-facebook-co-um-kunden-buhlen-429810/3/ , Stand: 04.07.2011
- Lackes, R., Web 2.0, in: http://wirtschaftslexikon.gabler.de/Definition/web-2-0.html , Stand: 04.07.2011
- Lorenz, M. / Rohrschneider, U. (2010), Praxishandbuch Mitarbeiterführung, 2. Auflage, Freiburg
- Melrose, K., automotive communication, in: http://www.carcallmarketing.de/, Stand: 06.06.2011
- Meyer-Gossner, M. , 5 Strategische Ansätze, warum Marken eine mobile App benötigen, in: http://www.thestrategyweb.com/5-ideen-warum-marken-eine-mobile-app-brauchen , Stand: 18.06.2011
- Michelli, J. (2009), Kunden fürs Leben, München
- Motz, H. / Fechteler, R. (2008), Gesetze für das Gastgewerbe, 5. Auflage, Paderborn
- Müller-Stewens, G., Strategie, in: http://wirtschaftslexikon.gabler.de/Definition/strategie.html , Stand: 06.06.2011
- Niemann, S., Informationen schützen – aber richtig! (Teil 4): Datensicherheit beim Dialogmarketing, in: http://www.unternehmer.de/112602-informationen-schutzen-%e2%80%93-aber-richtig-teil-4-datensicherheit-beim-dialogmarketing , Stand: 04.07.2010

- Ohne Verfasser, „Whopper Sacrifice" – Kampagne von Burger King: Virales Marketing via Facebook, in: http://www.kundenoffensive.de/whopper-sacrifice-kampagne-von-burger-king-virales-marketing-via-facebook/ , Stand: 04.06.2011
- Ohne Verfasser, Lebensmittel und Getränke, in: http://www.amazon.de/Lebensmittel-Getr%C3%A4nke/b/ref=sa_menu_gs8?ie=UTF8&node=340846031 , Stand: 07.06.2011
- Ohne Verfasser, Philosophie, in: http://www.geniusloci.info/schule-der-wandlung-2010/seiten/schule-der-wandlung-philosophie.html , Stand: 08.06.2011
- Ohne Verfasser, Gastlichkeit: Was bedeutet Qualität im Erleben des Gastes?, in: http://www.gastlichkeit.at/qualitaet.htm , Stand 09.06.2011
- Ohne Verfasser, Kunden bestimmen den Maßstab für die Servicequalität, in: http://www.business-wissen.de/unternehmensfuehrung/kennzahlen-kunden-bestimmen-den-massstab-fuer-die-servicequalitaet/, Stand: 16.06.2011
- Ohne Verfasser, Service-Wissen: Das GAP-Modell, in: http://www.gap-modell.de/ , Stand: 16.06.2011
- Ohne Verfasser, Online Marketing Strategie – Studie erläutert aktuelle digitale Trends, in: http://www.absatzwirtschaft.de/CONTENT/online-marke-ting/news/_b=73347,_p=1003186,_t=fthighlight,highlightkey=mobile+apps, Stand: 20.06.2011
- Ohne Verfasser, Smartphone-Absatz über der 10 Millionen Marke, in: http://www.bitkom.org/67386_65897.aspx, Stand: 21.06.2011
- Ohne Verfasser, Zahl der App-Downloads explodiert, in: http://www.bitkom.org/67386_66877.aspx , Stand: 21.06.2011
- Ohne Verfasser, Zahl der App-Downloads explodiert, in: http://www.bitkom.org/67386_66877.aspx, Stand: 21.06.2011
- Ohne Verfasser, Bechtle – neuer Boom im IT Markt durch Tablet PCs erwartet, in: http://www.it-times.de/news/hintergrundbericht/datum/2011/03/23/bechtle-neuer-boom-im-it-markt-durch-tablet-pcs-erwartet/ , Stand: 26.06.2011
- Ohne Verfasser, Herzlich Willkommen in der Welt der Douglas Card, in: http://www.douglas.de/douglas/index_c0092.html, Stand: 28.06.2011

- Ohne Verfasser, Allgemeine Bedingungen für Kundenkarten, in: http://www.airborne-restaurant.ch/042b879c1514c5b06/042b879c23103eb06.html , Stand: 28.06.2011
- Ohne Verfasser, Schlechte Arbeitsbedingungen im Gastgewerbe, in: http://www.arbeit-und-gesundheit.de/webcom/show_article.php/_c-501/_nr-13/i.html , Stand: 29.06.2011
- Ohne Verfasser, Mobile Apps, in: http://www.excelsisnet.com/angebot/mobile-apps/ , Stand: 01.07.2011
- Ohne Verfasser, Web 2.0, in: http://www.itwissen.info/definition/lexikon/Web-2-0-web-2-0.html, Stand: 04.07.2011
- Ohne Verfasser, Facebook, in: http://whatis.techtarget.com/definition/facebook.html , Stand: 04.07.2011
- Ohne Verfasser, Facebook- Wie funktioniert das eigentlich?, in: http://digiweb.excite.de/facebook-ndash-wie-funktioniert-das-eigentlich-N19228.html , Stand: 04.07.2011
- Ohne Verfasser, Starbucks, in: http://www.facebook.com/home.php#!/Starbucks?sk=wall , Stand: 04.07.2011
- Ohne Verfasser, Richtlinien für Promotions, in: http://www.facebook.com/promotions_guidelines.php , Stand: 04.07.2011
- Ohne Verfasser, 20 Gründe, warum Unternehmen ein Facebook Corporte Site schalten sollten!, in: http://www.t-shared.at/cloudthinkn/20-grunde-warum-unternehmen-eine-facebook-corporate-site-schalten-sollten/ , Stand: 04.07.2011
- Ohne Verfasser, Nach Party – Desaster: Thessa löscht Facebook – Account, in: http://digiweb.excite.de/nach-partydesaster-thessa-loscht-facebookaccount-N18819.html , Stand: 04.07.2011
- Ohne Verfasser, App-Store und der Adroid Market: Die Unterschiede, in: http://www.apps-kaufen.de/2010/03/app-store-und-der-android-market-die-unterschiede/ , Stand: 04.07.2011
- Ohne Verfasser, Jenseits des App-Hypes, in: http://www.xalmiento.com/m3/news?id=18037 , Stand: 05.07.2011

- Ohne Verfasser, Studie erklärt aktuelle digitale Trends, in: http://www.absatzwirtschaft.de/CONTENT/online-marketing/news/_b=73347,_p=1003186,_t=fthighlight,highlightkey=mobile+apps , Stand: 05.07.2011
- Ohne Verfasser, Sie suchen den direkten Weg zum Kunden? Wir zeigen Ihnen, wo`s lang geht, in: http://www.winmedia.de/ , Stand: 06.07.2011
- Ohne Verfasser, Apps sind es nicht wert, in: http://www.ftd.de/it-medien/it-telekommunikation/:mangelnder-datenschutz-apps-sind-es-nicht-wert/50209664.html , Stand: 06.07.2011
- Ohne Verfasser, Crossmedial zur Response, in: http://www.adressdialog.de/#/ihre-vorteile/crossmedial-zu-mehr-response/ , Stand: 06.07.2011
- Ohne Verfasser, Werbung mit Coupons – aber bitte richtig!, in: http://gastgewerbe-magazin.de/internet/2011/06/10/marketing-werbung-mit-coupons-aber-bitte-richtig/ , Stand: 11.07.2011
- Ohne Verfasser, Kundenbindung: Kleine Geschenke für mehr Kundenbindung, in: http://www.marketing-trendinformationen.de/marketing/kundenbindung/beitrag/kundenbindung-kleine-geschenke-fuer-mehr-kundenbindung-4640.html , Stand: 12.07.2011
- Ohne Verfasser, Die Geburtstagsparty mit Toggo, in: http://www.mcdonalds.de/familie_und_kids/mach_party.html#/parent1?KEYWORD=kindergeburtstag%20MC%20donalds&MATCHTYPE=Search&AD_ID=10349747148&REFFER= , Stand: 12.07.2011
- Ohne Verfasser, Smartphone-Absatz 2011 über der 10 Millionen-Marke, in: http://www.bitkom.org/67386_65897.aspx, Stand: 16.07.2011
- Ohne Verfasser, Events, in: http://www.redbull.de/cs/Satellite/de_DE/Events/001242746061515 , Stand: 18.07.2011
- Ohne Verfasser, Weinfest 2011 in Bremerhaven, in: http://www.meine-stadt-bremerhaven.de/veranstaltungen/event/weinfest-bremerhaven.php , Stand: 05.08.2011
- Ohne Verfasser, Incentives, in: http://www.conserio.at/incentives/ , Stand: 05.08.2011

- Ohne Verfasser, Gastgewerbe Marketing: Zielgruppe Kinder und Jugendliche, in: http://www.abseits.de/marketingkinder.htm , Stand: 05.08.2011
- Ohne Verfasser, Digital Lifestyle Experte in Deutschland, in: http://www.lifestyle-experte.de/2011/02/15/ernaehrungstrend-chilled-food/ , Stand: 05.08.2011
- Ohne Verfasser, „Unerbetene Nachrichten" (Spamverbot), in: http://www.bmvit.gv.at/telekommunikation/Internet/spam.html , Stand: 06.08.2011
- Ohne Verfasser, Möglichkeiten der intrinsischen Mitarbeitermotivation im Betrieb, in: http://www.intrinsische-mitarbeitermotivation.de/ , Stand: 06.08.2011
- Ohne Verfasser, Chefs investieren in Mitarbeiter Kummerkasten zur Senkung des Krankenstandes und Erhöhung der Mitarbeiterzufriedenheit, in: http://www.firmenpresse.de/pressinfo134209.html , Stand: 06.08.2011
- Ohne Verfasser, Beschwerdemanagement im Dienstleistungsgewerbe Gastronomie - effektive Beschwerdebehandlung als Trainingsziel, in: http://www.gastlichkeit.at/Projektarbeit-Beschwerdemanagement.pdf , Stand: 06.08.2011
- Ohne Verfasser, Abschaffung von Rabattgesetz und Zugabeverordnung: Auswirkungen auf die Gastronomie, in: http://www.abseits.de/rabattgesetz.htm , Stand: 06.08.2011
- Ohne Verfasser, Reklamationsmanagement – Beschwerden als Chance zur Kundenbindung, in: http://www.trainplan.de/shop/items/3-934812-22-8/demo_skript.pdf , Stand: 19.08.2011
- Ohne Verfasser, Die Nutzung von Facebook und Twitter im Vergleich, in: http://www.dbu.com/blog/die-nutzung-von-twitter-und-facebook-im-vergleich, Stand: 20.08.2011
- Ohne Verfasser, 700. Mio Facebook Nutzer weltweit & 20 Mio. in Deutschland, in: http://www.facebookbiz.de/artikel/700-mio-facebook-nutzer-weltweit-20-mio-in-deutschland, Stand: 22.08.2011
- Ohne Verfasser, Bücher im Überblick, in: http://www.gutscheinbuch.de/cgi-bin/WebObjects/GSB.woa/wa/couponBookSearch?wid=13362&gclid=CPWP3J_v8aoCFVsx3wodwW0jOQ , Stand: 28.08.2011

- Ohne Verfasser, Hol Dir jetzt den Gratis-Zugang zu den besten Angeboten., in: http://www.groupon.de/sites/www.groupon.de/lp/lpV2/006/index_06_1.php?CID=DE_SEM_1_900_990100_23&keyw=groupon%20de&crea=14470778145&t1=0&timg=12xx_generic70 , Stand: 28.08.2011
- Ohne Verfasser, Schlemmerreise mit Gutscheinbuch.de, in: http://www.gutscheinbuch.de/seiten/schlemmerreise.html , Stand: 29.08.2011
- Ohne Verfasser, Gutscheinbuch.de: Marktführer und Testsieger, in: http://www.kuffermarketing.de/seiten/unternehmen.html , Stand: 29.08.2011
- Ohne Verfasser, Ford Ka, in: http://www.youtube.com/watch?v=7Guufs3mdgg&feature=related , Stand: 28.08.2011
- Pahrmann, C. (2011), Social Media Marketing – Strategien für Twitter, Facebook & Co., 2. Auflage, Köln
- Pichler, J., Top Arbeitgeber des Jahres, in: http://www.rollingpin.de/artikel/top-arbeitgeber-des-jahres-1009-1-134, Stand: 29.06.2011
- Possler, C. / Thombansen, U. (2008), Service mit Profit, 1. Auflage, Paderborn
- Rothlauf, J. (2010), Total Quality Management in Theorie und Praxis, 3. Auflage, München
- Sauter,C. (2011), E-Mailinterview mit dem Vorstandsmitglied der „Excelsis business technology AG", Stand:03.07.2011
- Seidel, W. / Strauss, B. (2007), Beschwerdemanagement, 4. Auflage, München
- Teske, B. (2011), E-Mailinterview mit dem Vorstandsmitglied Benjamin Teske der appdream AG, Stand: 08.07.2011
- Trenkamp, O., Mitarbeiter Motivation, in: http://www.spiegel.de/unispiegel/jobundberuf/0,1518,435875,00.html , Stand: 06.08.2011
- Urban, J., Shopdropping Prints at IKEA, in: http://www.printeresting.org/tag/designer-qr-codes/ , Stand: 20.08.2011
- Vassilian,L. , Fanseiten für alle, in: http://business.chip.de/artikel/Social-Media-Workshop-Facebook-fuer-Unternehmen-3_42019246.html , Stand: 28.08.2011
- Vögele, S. (2010), Mit Dialogmarketing zum Erfolg, 1. Auflage, Bonn
- Wagner, M., Apps – Spielerei oder ein neues Paradigma?, in: http://www.deaf-deaf.de/?p=118727 , Stand:20.06.2011

- Wischermann, B., Kundenkartei, in: http://wirtschaftslexikon.gabler.de/Definition/kundenkartei.html , 05.08.2011
- Zimmermann, D. (2007), Faktor Service – Was Kunden wirklich brauchen, 1. Auflage, Göttingen

Anhang

Der Fragebogen inklusive Einleitung:

Kundenbindungsstrategien im Gaststättengewerbe

Sehr geehrte Damen und Herren,

im Rahmen meiner Bachelorarbeit für den Studiengang Betriebswirtschaftslehre an der Hochschule Bremerhaven zu dem Thema „Kundenbindungsstrategien im Gaststättengewerbe" führe ich eine Primärstudie durch.

Die Umfrage dauert circa 5 Minuten.

Ihre Angaben werden selbstverständlich vertraulich behandelt.

Als Dank für Ihre rege Teilnahme werde ich Ihnen gerne die Ergebnisse dieser Studie via E-Mail zu kommen lassen (Bitte dieses durch Angabe Ihrer E-Mailadresse am Ende der Umfrage kennzeichnen).

Vielen Dank
Maike Wiederholz

| 1 | **Legen Sie Wert auf einen festen Mitarbeiterstamm, um Ihre Gäste an Ihre Gaststätte zu binden? (Pflichtfrage)** |

☐ Ja
☐ Nein (Wenn Sie mit "Nein" antworten fahren Sie bitte bei Frage 3 fort)

| 2 | **Welche Maßnahmen nutzen bzw. berücksichtigen Sie, um Ihre Mitarbeiter zu motivieren?** |

(Mehrfachnennungen sind möglich)

☐ Feedbackgespräche werden geführt
☐ Regelmäßige Meetings werden durchgeführt

- ☐ Work-Life-Balance wird beachtet
- ☐ Mitarbeiter- / Umsatzbeteiligung wird angeboten
- ☐ Kummerkasten wird angeboten
- ☐ Mitarbeiter des Monats wird ernannt
- ☐ Personalessen / Rabatt auf Verzehr wird gewährt

3 Legen Sie Wert auf ein professionelles Beschwerdemanagement, um Ihre Gäste an Ihre Gaststätte zu binden? (Pflichtfrage)

- ☐ Ja
- ☐ Nein (Wenn Sie mit "Nein" antworten fahren Sie bitte bei Frage 5 fort)

4 Welche Maßnahmen nutzen bzw. berücksichtigen Sie im Rahmen Ihres Beschwerdemanagements?

(Mehrfachnennungen sind möglich)

- ☐ Beschwerdebox für Gäste wird angeboten
- ☐ Regeln sind festgelegt, wie bei Beschwerden agiert werden soll
- ☐ Mitarbeiter haben bei Beschwerden Entscheidungsbefugnis
- ☐ Beschwerden werden schriftlich festgehalten
- ☐ Bewertungs-Hompages (z.B. restaurant-kritik.de) werden beobachtet
- ☐ Mitarbeiter werden angehalten alle Beschwerden weiterzuleiten
- ☐ Beschwerden werden als positiv angesehen
- ☐ Alle Beschwerden werden ernst genommen und bearbeitet
- ☐ Wiedergutmachungen werden geleistet (z.B. Freigetränk, Rabatt)

5 Nutzen Sie Kundenkarten, um Ihre Gäste an Ihre Gaststätte zu binden? (Pflichtfrage)

- ☐ Ja
- ☐ Nein (Wenn Sie mit "Nein" antworten fahren Sie bitte mit Frage 7 fort)

6 Welche Ziele im Rahmen von Kundenbindung verfolgen Sie bei der Herausgabe von Ihren Kundenkarten?

(Mehrfachnennungen sind möglich)

- ☐ Ausweis- / Identifikationsfunktion
- ☐ Erinnerungsfunktion
- ☐ Zahlungsfunktion
- ☐ Bonusfunktion
- ☐ Rabattfunktion
- ☐ Kommunikationsfunktion
- ☐ Prestigefunktion
- ☐ Treuefunktion

7 | Nutzen Sie Coupons, um Ihre Gäste an Ihre Gaststätte zu binden? (Pflichtfrage)

☐ Ja

☐ Nein (Wenn Sie mit "Nein" antworten fahren Sie bitte mit Frage 9 fort)

8 | Welche Maßnahmen und Ziele ergreifen und verfolgen Sie im Rahmen von Kundenbindung mit der Durchführung von Couponaktionen?

(Mehrfachnennungen sind möglich)

- ☐ Coupons im Gutscheinbuch werden angeboten
- ☐ Coupons in weiteren Printmedien werden angeboten (z.B. lokale Tageszeitung)
- ☐ E-Couponingaktionen werden durchgeführt
- ☐ Zusatzverkäufe sollen angekurbelt werden
- ☐ Künftige Stammgäste sollen gewonnen werden
- ☐ Auslastungsschwache Zeiten sollen überbrückt werden
- ☐ Differenzierung von den Mitbewerbern wird fokussiert

9 | Nutzen Sie ein Unternehmensprofil bei Facebook, um Ihre Gäste an Ihre Gaststätte zu binden? (Pflichtfrage)

☐ Ja

☐ Nein (Wenn Sie mit 'Nein' antworten fahren Sie bitte mit Frage 11 fort)

| 10 | **Welche Maßnahmen und Ziele ergreifen und verfolgen Sie im Rahmen von Kundenbindung mit Ihrem Unternehmensprofil bei Facebook?**

(Mehrfachnennungen sind möglich)

- ☐ Profil wird regelmäßig gepflegt
- ☐ Professionelles Profilbild ist hochgeladen
- ☐ Diskussionen werden angeregt
- ☐ Gewinnspiele werden durchgeführt
- ☐ Individuelle Informationen werden gegeben (z.b. über neue Produkte)
- ☐ Besondere Informationen werden gegeben (z.b. über E-hec)
- ☐ Fotos / Videos werden hochladen
- ☐ Hyperlinks werden eingefügt
- ☐ Aktuelle Produkte / Angebote zur Bewertung freigeben
- ☐ Virale Marketingaktionen werden durchgeführt

| 11 | **Nutzen Sie einen Account bei Twitter, um Ihre Gäste an Ihre Gaststätte zu binden? (Pflichtfrage)**

- ☐ Ja
- ☐ Nein (Wenn Sie mit "Nein" antworten fahren Sie bitte mit Frage 13 fort)

| 12 | **Welche Maßnahmen und Ziele ergreifen und verfolgen Sie im Rahmen von Kundenbindung mit Ihrem Account bei Twitter?**

(Mehrfachnennungen sind möglich)

- ☐ Regelmäßige Präsenz wird sichergestellt
- ☐ Professionelles Profilbild ist hochgeladen
- ☐ Aussagekräftiger Name ist angegeben (z.B. Firmenname)
- ☐ Tweets werden verfasst
- ☐ Retweets werden verfasst
- ☐ Hashtags werden gesetzt
- ☐ Umfragen werden durchgeführt
- ☐ Diskussionen werden angeregt
- ☐ Gewinnspiele werden durchgeführt
- ☐ Individuelle Informationen werden gegeben (z.B. über neue Produkte)

- ☐ Besondere Informationen werden gegeben (z.B. über E-hec)
- ☐ Hyperlinks werden eingefügt
- ☐ Aktuelle Produkte / Angebote zur Bewertung freigeben
- ☐ Virale Marketingaktionen werden durchgeführt

13 Nutzen Sie mobile apps, um Ihre Gäste an Ihre Gaststätte zu binden? (Pflichtfrage)

- ☐ Ja
- ☐ Nein (Wenn Sie mit "Nein" antworten fahren Sie bitte mit Frage 15 fort)

14 Welche Maßnahmen und Ziele ergreifen und verfolgen Sie im Rahmen von Kundenbindung mit mobile apps?

(Mehrfachnennungen sind möglich)

- ☐ Crossmediale Kampagnen werden durchgeführt
- ☐ Gewinnspiele werden durchgeführt
- ☐ Produktinformationen werden gegeben
- ☐ Umfragen werden durchgeführt
- ☐ Hotline Telefonnummer wird angeboten (z.B. für Reservierungen)
- ☐ Location based services werden angeboten (z.B. foursquare)
- ☐ Couponaktionen werden durchgeführt (z.B. Groupon)
- ☐ Push Notifications werden angeboten
- ☐ QR Codes werden angeboten
- ☐ Zahlungsfunktion wird angeboten

15 Nutzen Sie eine der weiteren aufgeführten Maßnahmen, um Ihre Gäste an Ihre Gaststätte zu binden?

(Mehrfachnennungen sind möglich)

- ☐ SMS werden versendet
- ☐ Direct Mailings werden verschickt
- ☐ E-Mails werden versendet
- ☐ Incentives werden geleistet
- ☐ Kundenkartei wird geführt

- ☐ Bindung zu den 'kleinen Gästen' wird aufgebaut
- ☐ An Events wird teilgenommen
- ☐ Newsletter wird verfasst
- ☐ Bei Youtube werden Videos hochgeladen
- ☐ Lieferservice wird angeboten

Vielen Dank für Ihre Teilnahme. Sie können den Internet-Browser jetzt schließen.

Antworten der Umfrage (Zahlen sind auf- und abgerundet):

Seite 1, Frage 1: Legen Sie Wert auf einen festen Mitarbeiterstamm, um Ihre Gäste an Ihre Gaststätte zu binden? (Pflichtfrage)

208 Teilnehmer

Ja	181	87%
Nein (Wenn Sie mit "Nein" antworten fahren Sie bitte bei Frage 3 fort)	27	13%

Seite 1, Frage 2: Welche Maßnahmen nutzen bzw. berücksichtigen Sie, um Ihre Mitarbeiter zu motivieren?

186 Teilnehmer

Feedbackgespräche werden geführt	100	54%
Regelmäßige Meetings werden durchgeführt	117	63%
Work-Life-Balance wird beachtet	48	26%
Mitarbeiter- / Umsatzbeteiligung wird angeboten	67	36%
Kummerkasten wird angeboten	40	22%
Mitarbeiter des Monats wird ernannt	37	20%
Personalessen / Rabatt auf Verzehr wird gewährt	115	62%

Seite 1, Frage 3: Legen Sie Wert auf ein professionelles Beschwerdemanagement, um Ihre Gäste an Ihre Gaststätte zu binden? (Pflichtfrage)

208 Teilnehmer

Ja	173	83%
Nein (Wenn Sie mit "Nein" antworten fahren Sie bitte bei Frage 5 fort)	35	17%

Seite 1, Frage 4: Welche Maßnahmen nutzen bzw. berücksichtigen Sie im Rahmen Ihres Beschwerdemanagements?

182 Teilnehmer

Beschwerdebox für Gäste wird angeboten	52	29%
Regeln sind festgelegt, wie bei Beschwerden agiert werden soll	98	54%
Mitarbeiter haben bei Beschwerden Entscheidungsbefugnis	100	55%
Beschwerden werden schriftlich festgehalten	71	39%
Bewertungs-Hompages (z.B restaurant-kritik.de) werden beobachtet	84	46%
Mitarbeiter werden angehalten alle Beschwerden weiterzuleiten	80	44%
Beschwerden werden als positiv angesehen	68	37%
Alle Beschwerden werden ernst genommen und bearbeitet	110	60%
Wiedergutmachungen werden geleistet (z.b. Freigetränk, Rabatt)	138	76%

Seite 1, Frage 5: Nutzen Sie Kundenkarten, um Ihre Gäste an Ihre Gaststätte zu binden? (Pflichtfrage)

208 Teilnehmer

Ja	91	44%
Nein (Wenn Sie mit "Nein" antworten fahren Sie bitte mit Frage 7 fort)	117	56%

Seite 1, Frage 6: Welche Ziele im Rahmen von Kundenbindung verfolgen Sie bei der Herausgabe von Ihren Kundenkarten?

96 Teilnehmer

Ausweis- / Identifikationsfunktion	52	54%
Erinnerungsfunktion	30	31%
Zahlungsfunktion	18	19%
Bonusfunktion	66	69%
Rabattfunktion	37	39%
Kommunikationsfunktion	26	27%
Prestigefunktion	13	14%

Treuefunktion	57	59%

Seite 2, Frage 7: Nutzen Sie Coupons, um Ihre Gäste an Ihre Gaststätte zu binden? (Pflichtfrage)

208 Teilnehmer

Ja	108	52%
Nein (Wenn Sie mit "Nein" antworten fahren Sie bitte mit Frage 9 fort)	100	48%

Seite 2, Frage 8: Welche Maßnahmen und Ziele ergreifen und verfolgen Sie im Rahmen von Kundenbindung mit der Durchführung von Couponaktionen?

109 Teilnehmer

Coupons im Gutscheinbuch werden angeboten	90	83%
Coupons in weiteren Printmedien werden angeboten (z.b. lokale Tageszeitung)	60	55%
E-Couponingaktionen werden durchgeführt	29	27%
Zusatzverkäufe sollen angekurbelt werden	31	28%
Künftige Stammgäste sollen gewonnen werden	76	70%
Auslastungsschwache Zeiten sollen überbrückt werden	66	61%
Differenzierung von den Mitbewerbern wird fokussiert	32	29%

Seite 2, Frage 9: Nutzen Sie ein Unternehmensprofil bei Facebook, um Ihre Gäste an Ihre Gaststätte zu binden? (Pflichtfrage)

208 Teilnehmer

Ja	107	51%
Nein (Wenn Sie mit 'Nein' antworten fahren Sie bitte mit Frage 11 fort)	101	49%

Seite 2, Frage 10: Welche Maßnahmen und Ziele ergreifen und verfolgen Sie im Rahmen von Kundenbindung mit Ihrem Unternehmensprofil bei Facebook?

109 Teilnehmer

Profil wird regelmäßig gepflegt	69	72%
Professionelles Profilbild ist hochgeladen	84	77%
Diskussionen werden angeregt	50	46%
Gewinnspiele werden durchgeführt	38	35%
Individuelle Informationen werden gegeben (z.B. über neue Produkte)	74	68%
Besondere Informationen werden gegeben (z.b. über E-hec)	52	48%
Fotos / Videos werden hochladen	64	59%
Hyperlinks werden eingefügt	38	35%
Aktuelle Produkte / Angebote zur Bewertung freigeben	56	51%
Virale Marketingaktionen werden durchgeführt	25	23%

Seite 2, Frage 11: Nutzen Sie einen Account bei Twitter, um Ihre Gäste an Ihre Gaststätte zu binden? (Pflichtfrage)

208 Teilnehmer

Ja	27	13%
Nein (Wenn Sie mit "Nein" antworten fahren Sie bitte mit Frage 13 fort)	181	87%

Seite 2, Frage 12: Welche Maßnahmen und Ziele ergreifen und verfolgen Sie im Rahmen von Kundenbindung mit Ihrem Account bei Twitter?

28 Teilnehmer

Regelmäßige Präsenz wird sichergestellt	12	43%
Professionelles Profilbild ist hochgeladen	20	71%
Aussagekräftiger Name ist angegeben (z.B. Firmenname)	18	64%
Tweets werden verfasst	23	82%
Retweets werden verfasst	14	50%
Hashtags werden gesetzt	5	18%

Umfragen werden durchgeführt	5	18%
Diskussionen werden angeregt	9	31%
Gewinnspiele werden durchgeführt	8	29%
Individuelle Informationen werden gegeben (z.B. über neue Produkte)	14	50%
Besondere Infomationen werden gegeben (z.b. über E-hec)	11	39%
Hyperlinks werden eingefügt	9	32%
Aktuelle Produkte / Angebote zur Bewertung freigeben	13	46%
Virale Marketingaktionen werden durchgeführt	1	4%

Seite 2, Frage 13: **Nutzen Sie mobile apps, um Ihre Gäste an Ihre Gaststätte zu binden? (Pflichtfrage)**

208 Teilnehmer

Ja	26	13
Nein (Wenn Sie mit "Nein" antworten fahren Sie bitte mit Frage 15 fort)	182	87

Seite 2, Frage 14: **Welche Maßnahmen und Ziele ergreifen und verfolgen Sie im Rahmen von Kundenbindung mit mobile apps?**

28 Teilnehmer

Crossmediale Kampagnen werden durchgeführt	5	18%
Gewinnspiele werden durchgeführt	10	36%
Produktinformationen werden gegeben	10	36%
Umfragen werden durchgeführt	7	25%
Hotline Telefonnummer wird angeboten (z.B. für Reservierungen)	11	39%
Location based services werden angeboten (z.B. foursquare)	17	61%
Couponaktionen werden durchgeführt (z.B. Groupon)	19	68%
Push Notifications werden angeboten	2	7%
QR Codes werden angeboten	5	18%
Zahlungsfunktion wird angeboten	4	14%

Seite 2, Frage 15: Nutzen Sie eine der weiteren aufgeführten Maßnahmen, um Ihre Gäste an Ihre Gaststätte zu binden?

193 Teilnehmer

SMS werden versendet	10	5%
Direct Mailings werden verschickt	46	24%
E-Mails werden versendet	81	42%
Incentives werden geleistet	40	21%
Kundenkartei wird geführt	110	57%
Bindung zu den 'kleinen Gästen' wird aufgebaut	87	45%
An Events wird teilgenommen	88	46%
Newsletter wird verfasst	42	22%
Bei Youtube werden Videos hochgeladen	33	17%
Lieferservice wird angeboten	31	16%